...ICATION DE LA RÉUNION DES OFFICIERS

LA

GUERRE D'ORIENT

RÉSUMÉ DES OPÉRATIONS MILITAIRES

(Extrait de l'*Invalide russe*)

Par M. le capitaine WEIL

ATTACHÉ A L'ÉTAT-MAJOR GÉNÉRAL DU MINISTRE DE LA GUERRE

PARIS

LIBRAIRIE MILITAIRE DE J. DUMAINE

LIBRAIRE-ÉDITEUR

30, RUE ET PASSAGE DAUPHINE, 30

1878

LA

GUERRE D'ORIENT

RÉSUMÉ DES OPÉRATIONS MILITAIRES

1007 — PARIS. IMPRIMERIE LALOUX FILS ET GUILLOT
7, rue des Canettes, 7

PUBLICATION DE LA RÉUNION DES OFFICIERS

LA

GUERRE D'ORIENT

RÉSUMÉ DES OPÉRATIONS MILITAIRES

(Extrait de l'*Invalide russe*)

Par M. le capitaine WEIL

ATTACHÉ A L'ÉTAT-MAJOR GÉNÉRAL DU MINISTRE DE LA GUERRE

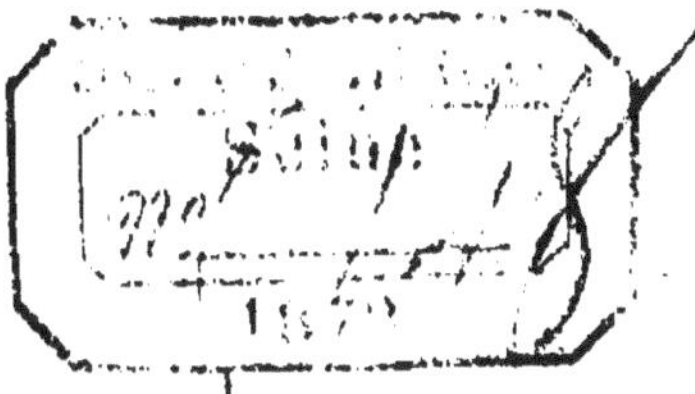

PARIS

LIBRAIRIE MILITAIRE DE J. DUMAINE

LIBRAIRE-ÉDITEUR

30, RUE ET PASSAGE DAUPHINE, 30

1878

AVANT-PROPOS

Bien que la guerre d'Orient soit à peine terminée, bien que quelques mois seulement se soient écoulés depuis que le canon a cessé de se faire entendre dans la presqu'île des Balkans et en Asie Mineure, on a déjà beaucoup écrit sur cette dernière campagne, et en France comme à l'étranger on a cherché à tirer des exemples, à déduire des conclusions des principaux faits de guerre qui ont marqué les différentes périodes de cette dernière phase d'une lutte séculaire.

La *Revue militaire de l'étranger* consacre encore, pour le moment une série d'études intéressantes à certains épisodes de cette guerre, qu'elle examine au point de vue tactique. D'autres publications militaires ont essayé de retracer au jour le jour la marche générale des opérations, en puisant leurs renseignements à des sources plus ou moins authentiques. Enfin les journaux et revues militaires russes, l'*Invalide russe*, le *Voïenny Sbornik* l'*Artilleriiski journal*, etc., ont publié pendant le cours de la guerre une longue série d'articles des plus intéressants et de rapports officiels rendant compte des opérations de guerre tant en Europe qu'en Asie, et extraits pour la plupart de la publication rédigée par les soins du grand quartier général russe, le *Voïenny Létoutchy Listok*. Mais il se passera encore longtemps avant que l'état-major russe ait pu réunir et rassembler dans un seul ouvrage les nombreux documents qu'il possède sur cette campagne. Aussi le rédacteur en chef de l'*Invalide russe* et du *Voïenny Sbornik*, M. le général Lavrentieff, a-t-il eu l'heureuse idée de publier dans l'*Invalide* un résumé général des grands événements militaires qui se sont déroulés depuis le mois d'avril 1877, en Asie Mineure et dans la Turquie d'Europe.

C'est ce résumé que nous allons mettre sous les yeux de nos camarades et du public, en les priant d'accueillir avec leur bienveillance habituelle la traduction aussi fidèle que possible que nous venons d'en faire

---

LA
GUERRE D'ORIENT

OPÉRATIONS MILITAIRES DANS LA TURQUIE D'EUROPE

Concentration des troupes et passage du Danube.

Le 12/24 avril, l'armée d'opérations, sous les ordres de S. A. I. Monseigneur le grand-duc Nicolas-Nicolaïévitch, composée des 8e, 11e et 12e corps d'armée, de la 2e brigade de tirailleurs, d'une brigade de cosaques du Caucase et de cinq régiments de cosaques du Don, franchissait la frontière de l'empire sur les points et dans l'ordre suivants :

Colonne de droite, sous les ordres du général-lieutenant baron Drisen, à Oungheny.

Colonne du centre, sous les ordres du général-lieutenant Vannoffsky, à Oungheny et à Bestamak.

Colonne de gauche, sous les ordres du général-lieutenant Radetzky, à Bestamak.

Détachement du bas Danube, sous les ordres du général-lieutenant prince Schakoffskoï, à Koubéï.

Ces troupes avaient pour mission immédiate de s'emparer au plus vite de Galatz et du pont de Barboche sur le Séret. Il était en effet de la plus haute importance d'arriver avant les Turcs sur ce point, où aboutissent les principales routes qui traversent la principauté ou qui y pénètrent, et d'assurer de la sorte la concentration des troupes et des transports dirigés vers les rives du Danube. Ce premier résultat fut obtenu par les troupes du 11e corps, qui, dès le 13/25 avril, occupaient Galatz, Braïla, le pont du chemin de fer de Barboche, et un peu plus tard Ismaïl et Kilia. Ce corps exécuta même, afin d'occuper le plus vite possible les objectifs désignés, une marche forcée dans laquelle on fit faire à la cavalerie 100 verstes, à l'infanterie 70 verstes en vingt-quatre heures.

Les corps que nous venons d'énumérer plus haut devaient, après avoir opéré leur jonction avec les 9e, 4e, 13e et 14e corps, appelés également à faire partie de l'armée d'opération, se concentrer, l'infanterie autour de Bucharest, moins un détachement envoyé sur le bas Danube ; la cavalerie le long de la rive gauche du Danube, depuis le confluent de l'Olta jusqu'à Kilia.

Bien que les Russes aient pu se servir, pour effectuer leur concentration, des voies ferrées et des routes de terre de la Roumanie, il n'en est pas moins vrai que cette concentration présenta des difficultés inattendues, mais dont il est assez facile de découvrir les causes : c'était en première ligne le mauvais temps qui règne toujours dans la principauté pendant les mois d'avril et de mai ; les pluies continuelles avaient complétement dégradé les routes, toujours mal entretenues, et occasionné des crues très-sensibles dans presque tous les cours d'eau. La plupart des rivières étaient même sorties de leur lit en emportant les ponts des voies ferrées et des routes. De plus, les chemins de fer roumains sont assez mal construits, le personnel en est peu nombreux, le matériel insuffisant, et le mouvement continuel auquel donnèrent lieu les passages de troupes acheva de dégrader la voie.

Toutes ces causes ralentirent considérablement les mouvements de l'armée russe, et retardèrent surtout le transport, par les voies ferrées, de l'artillerie de siége, des équipage de pont, des chaloupes à vapeur et des différents engins nécessaires pour établir un passage de rivière. L'armée russe ne fut donc rendue sur les différents points de concentration que quelques jours après le terme qui lui avait été assigné.

A la fin du mois de mai, l'armée russe concentrée en Roumanie était disposée comme il suit :

Avant-gardes, composées de troupes d'infanterie et de cavalerie, le long du Danube, depuis Tourn-Magourelli jusqu'à Kilia.

Gros des forces, à Slatina (le 9e corps moins la 5e division), à Bucharest (le 8e et le 12e corps, la 5e division appartenant au 9e corps, la 12e division de cavalerie, une brigade du Don et trois régiments du Don).

On prescrivit à ce moment :

Au 14e *corps* d'armée d'arriver à Galatz, le 1/13 juin, d'y relever les troupes du 11e corps, qui devaient aller rejoindre la 32e division à Olténitza, et de former, avec une partie des troupes du 7e corps, le corps du bas Danube, placé sous les ordres du général-lieutenant Zimmermann;

Au 13e *corps* de pousser jusqu'à Alexandria;

Au 4e *corps* de faire son mouvement en chemin de fer et de suivre la marche de l'armée ;

Aux *troupes roumaines*, chargées plus spécialement de défendre la frontière, d'occuper certains points sur les rives du Danube.

Pendant le temps qu'il avait fallu pour concentrer le gros des forces sur le cours moyen du Danube, une partie de l'artillerie de siége était arrivée à Braïla, et quinze jours après la déclaration de guerre, le 26 avril/8 mai, ces batteries soutenaient un premier combat contre la flottille turque du Danube.

Les Turcs étaient pendant tout ce temps restés sur la défensive la plus stricte, ne prenant l'offensive sur aucun point. Ils se contentaient d'observer les mouvements de l'armée russe, et la perte de deux de leurs monitors, dont l'un fut coulé le 29 avril/9 mai par les projectiles des batteries de siége, tandis que l'autre sautait en l'air, le 14/26 mai, sous les coups des bateaux-torpilles des lieutenants Doubassoff et Chestakoff, les rendit encore plus prudents et plus circonspects. Les Russes purent, de la sorte, établir dans le lit même du Danube des barrages et y immerger des torpilles qui obligèrent la flottille turque à abandonner une partie du cours du fleuve, la réduisirent à l'impuissance et la contraignirent à se renfermer dans le bras de Matchin.

Dès son entrée en Roumanie, S. A. le grand-duc, commandant en chef l'armée d'opérations, adressa aux populations une proclamation dans laquelle il leur faisait connaître les intentions amicales de la Russie à leur égard, et leur disait qu'il comptait pour ses troupes sur le bon accueil qui leur avait toujours été fait dans la principauté. Les troupes russes et leur chef furent d'ailleurs reçus avec enthousiasme en Roumanie.

Cependant les difficultés que nous avons indiquées plus haut : mauvais état des routes en Roumanie, pluies continuelles et température défavorable, avaient amené un certain retard dans la concentration générale des troupes; et si l'on y ajoute encore le niveau démesurément élevé des eaux du Danube, on comprendra que le passage, fixé primitivement au 25 mai/6 juin, ait dû être reporté jusqu'au 15/27 juin.

On avait choisi comme points de passage les deux points suivants : l'un, sur le bas Danube, entre Braïla et Galatz; l'autre, sur le moyen Danube, en aval de Nicopolis.

Pour préparer le passage il avait fallu :

1° Afin d'empêcher les monitors turcs de venir déranger et détruire les travaux, établir des barrages et immerger des torpilles dans le cours du fleuve ;

2° Faire arriver quatre parcs d'équipages de ponts, des pontons, des radeaux, du matériel en quantité suffisante et des moyens de transport;

3° Concentrer l'armée de telle façon qu'il lui fût possible de déboucher en temps utile sur le point choisi pour le passage.

Tous ces préparatifs se firent sans être contrecarrés en rien par l'ennemi. Grâce aux coups de main hardis des marins russes, on réussit à barrer les deux bras de Matchin et à fermer le cours du fleuve entre Parapane et Korabia. Le matériel de pont et les moyens de transport réunis à Slatina descendirent l'Olta, puis le Danube, en passant devant Nicopolis. L'armée, de son côté, était formée dès le 13/25 juin, le long de la Vède, à Rousché de Vède, Alexandria et Béia.

Pendant les journées du 8/20 au 12/24 juin, le grand-duc, commandant en chef, parti secrètement de Ploesti avec son chef d'état-major général et son sous-chef, reconnut en personne les rives du Danube, de Zimnitza à Tourn, et choisit finalement Zimnitza comme point de passage.

On prit alors les mesures suivantes :

1° Afin de détourner l'attention de l'ennemi par une démonstration stratégique, et aussi afin d'occuper la Dobroutscha et de couvrir de la sorte le flanc gauche de l'armée d'opérations, on donna l'ordre au corps du Danube de passer le fleuve le 10/22 juin, à Braïla ou à Galatz ;

2° Afin d'occuper l'ennemi, on prescrivit à l'artillerie de siége d'ouvrir le feu, à partir du 12/24 juin, contre Roustchouck et Nicopolis.

Le 10/22 juin, conformément à l'ordre formel du général en chef, le général-lieutenant Zimmermann, sans se laisser arrêter par la crue anomale des eaux, qui couvraient tout l'espace entre Getchet et Hirsova, fit passer le Danube à ses troupes. Le même jour, le général-major Joukoff, avec les régiments de Riazan et de Riajsk, traversait le Danube à Galatz en face de Boudjak et s'emparait, après un combat acharné, des hauteurs de Boudjak. Les Turcs abandonnèrent à la suite de ce combat toute la ligne du bas Danube, et les troupes russes entrèrent sans tirer un coup de fusil à Matchin, Toultcha, Issacktcha et Hirsova.

Aux environs de Zimnitza, où l'armée d'opérations devait à son tour passer le Danube, on avait donné les ordres suivants : la 14e division d'infanterie, qui, avec la compagnie combinée de la garde, deux compagnies de *plastounes* (1), la 4e brigade de tirailleurs, toute l'artillerie de montagne et tous les équipages de ponts, avait été dirigée sur Zimnitza, reçut l'ordre de commencer le passage du fleuve dans la nuit du 14/26 au 15/27 juin. Quant aux autres corps d'armée, les uns avaient été rapprochés de Zimnitza, tandis que les autres se montraient en face de Nicopolis, pour tromper l'ennemi sur le point de passage.

Grâce au secret dont on entoura l'opération, grâce aussi aux démonstrations qu'on exécuta, les Turcs ne parvinrent pas à deviner sur quel point devait s'exécuter le passage, et le premier échelon des troupes formant la tête de colonne put, dans la nuit du 14/26 au 15/27 juin, quitter la rive gauche du fleuve sans être remarqué par l'ennemi. Les Turcs, cependant, ne tardèrent pas à ouvrir un feu des plus vifs d'artillerie et de mousqueterie sur les troupes de la 14e division, en train de franchir le fleuve. Mais malgré l'intensité de ce feu, malgré la résistance acharnée de l'infanterie turque, les troupes russes réussirent à débusquer celle-ci de ses positions à la baïonnette, et à la chasser des rives. Elles permirent de la sorte aux échelons suivants de les rejoindre sur la rive droite, et l'on put presque aussitôt procéder à l'établissement d'un pont. Les troupes russes, qui voyaient le feu pour la première fois, venaient de remporter un avan-

(1) Troupes d'infanterie des Cosaques du Kouban.

tage signalé, et ce premier engagement, en raison surtout de l'importance du résultat, ne leur avait pas coûté trop de monde, puisque le nombre des tués et blessés ne s'élevait qu'à 822.

Le 15/27 juin, au soir, il y avait déjà sur la rive droite du Danube le 8e corps d'armée tout entier, la 35e division et la 4e brigade de tirailleurs. Les Turcs se retirèrent, d'un côté, sur Roustchouck, de l'autre, sur Tirnova. Le 16/28 juin, les grands quartiers généraux de l'empereur et du grand-duc, commandant en chef, étaient transférés à Sistova. Enfin le pont, dont la construction avait commencé dès que le premier échelon eut pris solidement pied sur la rive droite, était achevé le 20 juin / 2 juillet.

Opérations militaires dans la Bulgarie centrale.
Juin et juillet.

Dès que le gros des troupes eut passé le Danube à Sistova, des corps de cavalerie furent envoyés en reconnaissance dans toutes les directions, et peu de temps après, afin de faciliter l'occupation de la Bulgarie et l'exécution des opérations ultérieures, les troupes russes furent divisées en trois groupes : les 11e et 12e corps formèrent l'armée de Roustchouk, sous les ordres du grand-duc héritier, et furent dirigés vers l'ouest, sur la Jantra. Le 9e corps (général Krüdener) fut dirigé sur Nicopolis, et le reste des forces resta massé autour de Sistova, en attendant que la situation générale fût un peu plus nettement dessinée.

A la même époque, le 18/30 juin, trois jours après le passage du fleuve, on forma un gros détachement d'avant-garde, fort de 10 bataillons 1/2, 81 escadrons 1/2 et 38 bouches à feu, qui fut placé sous les ordres du général-lieutenant *Gourko*. Les renseignements qu'on s'était procurés et le caractère même des mouvements opérés par les Turcs permettaient de supposer que ces derniers se concentraient principalement à l'est à Rasgrad, à l'ouest, autour de Widdin, et n'occupaient que faiblement Tirnova et le versant septentrional des Balkans. On prescrivit en conséquence au général Gourko de se porter sur Tirnova et Selvi, de s'emparer de ces deux villes, puis de se préparer à accentuer son mouvement en avant et d'essayer, dès qu'il en recevrait l'ordre du grand-duc commandant en chef, de s'emparer des défilés les plus rapprochés des Balkans, et de passer avec sa cavalerie de l'autre côté de la chaîne.

Le corps du général Gourko traversa le Danube le 21 juin/3 juillet, se dirigea sur Tirnova, et s'empara le 25 juin/7 juillet de cette ville, après un combat dans lequel il mit en fuite et en déroute 5 bataillons d'infanterie qui défendaient la ville avec 6 bouches à feu et 400 cavaliers.

Le général Gourko avait trouvé à Tirnova, Dranova et Gabrova d'immenses approvisionnements en grains, accumulés sur ces différents points par les Turcs, et dès qu'il fut informé que le défilé de Chipka, par lequel passe la meilleure route qui traverse les Balkans, était faiblement défendu, et que les autres passes étaient complétement dégarnies, il résolut de pénétrer dans la chaîne, d'atteindre, en passant par la vallée de la Toundja, le défilé de Khaïn-Koï, et d'attaquer ensuite simultanément de front et à revers le défilé de Chipka. Le grand-duc, auquel le général Gourko fit part de son projet, approuva son plan, et porta sur Tirnova une partie du 8e corps, tandis qu'il constituait sous le nom de détachement de Gabrova un corps qui, placé sous les ordres du général-major Dérojinsky, et fort de 3 bataillons du régiment d'Orel, de 5 sotnias du 30e régiment de cosaques du Don et de 10 bouches à feu, devait être chargé plus spécialement de l'attaque du défilé de Chipka. L'attaque simultanée de Chipka par les troupes des généraux Gourko et Dérojinsky avait été primitivement fixée au 5/17 juillet.

Dès qu'il eut reçu du commandant en chef l'autorisation, de passer de l'autre côté des Balkans, le général Gourko, qui avait, le 28juin/10 juillet, porté son avant-garde, sous les ordres du général-major Rauch, dans la direction de la passe de Khaïn-Koï, l'y rejoignit avec le reste de ses forces le 30 juin/12 juillet. Le lendemain, 1er/13 juillet, il était déjà arrivé sur l'autre versant de la chaîne, et le 2/14, après avoir surpris et mis en déroute un petit détachement ennemi, fort de 300 hommes, il s'emparait du défilé de Khaïn-Koï. Passant alors dans la vallée de la Toundja, le général Gourko, après avoir eu un engagement avec l'ennemi près de Kenaro, se dirigeait dès le 2/14 juillet sur Kasanlick, et après les affaires d'Orézari (1), le 3/5 juillet, et d'Ouflani, le 4/16, il arrivait devant Kasanlick le 5/17, et s'emparait de cette ville. Mais l'état d'épuisement de ses troupes, accablées par des marches forcées et des combats livrés par une chaleur torride, ne lui permit pas d'attaquer Chipka immédiatement, comme il se l'était proposé.

Pendant ce temps, le général-major Dérojinski, avec le détachement de Gabrova, attaquait, comme il en avait reçu l'ordre, Chipka de front le 5/17 juillet. Il avait formé ses troupes en quatre colonnes et leur faisait suivre les chemins et sentiers de la montagne. Malgré quelques avantages partiels remportés par certaines de ces colonnes, le détachement, n'étant pas soutenu par l'attaque que les troupes du général Gourko devaient exécuter sur les derrières de l'ennemi, fut obligé de rentrer le soir dans ses anciennes positions. Le lendemain, 6/18 juillet, le général Gourko attaquait à son tour, et à revers, la position, sans plus de succès que le général Dérojinski. Mais le 7/19, les Turcs, se voyant sur le point d'être cernés et manquant de vivres,

(1) Deux sotnias du 26e régiment de cosaques du Don avaient poussé jusqu'à Jénizagra et y avaient coupé le télégraphe.

abandonnèrent leurs positions en y laissant une partie de leurs canons, et s'échappèrent par petits groupes par les sentiers de la montagne.

Le général Gourko, soutenu par le détachement de Gabrova, avait atteint son but : les Russes étaient désormais maîtres de toute la ligne des Balkans entre les deux passages de Chipka et de Khaïn-koï. Trois des défilés leur appartenaient, et parmi eux le plus important de tous, celui de Chipka. Enfin, la plus grande partie de la vallée de la Toundja était abandonnée par les Turcs.

Afin de n'avoir plus à revenir sur les opérations du corps du général Gourko, nous croyons plus logique, bien qu'il faille pour cela négliger quelque peu l'ordre chronologique dans lequel se sont déroulés les événements, d'exposer ici les opérations entreprises par ses troupes du côté d'Eski-Zagra et d'Iéni-Zagra, les 18, et 19/30 et 31 juillet.

Après avoir occupé Eski-Zagra le 10/22 juillet, et avoir coupé les lignes télégraphiques et les voies ferrées d'Iamboli et de Philippopolis, le général Gourko apprit que l'armée de Suléiman-Pacha était encore en train de se former. Il en donna avis au grand quartier général et, renforcé par la 1re brigade de la 9e division d'infanterie, il reçut l'ordre d'accentuer son mouvement en avant dans la direction d'Iéni-Zagra. Il donna aussitôt l'ordre à ses trois colonnes d'Eski-Zagra, de Kasanlick et de Khaïn-koï de se porter dans cette direction. Le 18/30, au matin, il arrivait en vue de cette ville, avec les deux dernières de ces colonnes, et il attaquait et enlevait une position fortement retranchée. Mais la colonne d'Eski-Zagra, attaquée de son côté par des forces ennemies supérieures en nombre, n'avait pu le rejoindre. En présence de ces événements, le général Gourko. après avoir battu les Turcs à Iéni-Zagra, donna à tout son corps l'ordre de se diriger le lendemain, 19/31, sur Eski-Zagra pour y donner la main à la colonne de droite. En route, il fut à son tour obligé d'attaquer un gros corps ennemi qui occupait une forte position à Djouranli. Il avait là affaire à une partie de l'armée de Suleiman-Pacha, lequel avait fait prendre l'offensive aux troupes qu'il avait sous la main. Malgré leur supériorité numérique et l'avantage de leur position, les Turcs furent battus et se retirèrent en désordre, et le général Gourko put se diriger sur Eski-Zagra. Mais il arriva trop tard, le détachement russe avait abandonné cette ville. Convaincu désormais qu'il avait devant lui l'armée de Suléiman-Pacha, le général Gourko se replia sur les défilés des Balkans, puis, quelque temps après, il fit repasser la chaîne à ses troupes.

Pendant que le corps du général Gourko exécutait sa pointe audacieuse au delà des Balkans, le corps de Roustchouk envoyait en avant des coureurs et des partis de cavalerie, occupait la ligne de la Jantra et se préparait à se mettre en mouvement dans la direction du Lom, au moment même où le 9e corps enlevait, après un combat assez vif, la place de Nicopolis et détachait contre Plewna trois régiments de la 5e division.

Le 3/15 juillet, le général-lieutenant baron Krudener, qui s'était approché de Nicopolis, attaquait les retranchements élevés sur plusieurs lignes en avant de la place et défendus par 10 à 15.000 hommes de troupes régulières turques. Après un engagement assez chaud, qui dura toute la journée, les Turcs furent chassés des retranchements et obligés de se retirer, d'une part, sur Rahova, de l'autre, sur le corps de place. Le lendemain, au moment même où les Russes avaient achevé tous leurs préparatifs pour donner l'assaut, la garnison, forte de 7.000 hommes, capitula et se rendit prisonnière. On trouva dans la place, 6 drapeaux, 113 bouches à feu de campagne et de place, 2 monitors, plus de 10.000 fusils et une quantité énorme de vivres et de munitions de guerre.

Aussitôt après la prise de Nicopolis et en exécution des ordres qu'il avait reçus du grand-duc commandant en chef, le commandant du 9e corps prescrivit le 6/18 juillet au général-lieutenant Schilder-Schuldner d'attaquer et de prendre Plewna avec trois régiments de la 5e division et la brigade des cosaques du Caucase, afin de couvrir l'aile droite de l'armée et de lui assurer un point d'appui. Les troupes du général Schilder-Schuldner arrivèrent le 7/19 juillet en vue de Plewna, qu'elles trouvèrent fortement occupée par les Turcs, sous les ordres d'Osman-Pacha. Celui-ci, sorti de Widdin, avait concentré sur ce point 40 bataillons et un assez grand nombre de bouches à feu; il s'était posté à Plewna, au nœud des routes qui conduisent dans la Bulgarie occidentale et aux défilés des Balkans, du côté de Sofia, et avait fortifié cette position en l'entourant d'une série d'ouvrages, de batteries et de tranchées. Malgré cela, le lendemain 8/20 juillet, le général Schilder, en exécution des ordres qu'il avait reçus et n'ayant d'ailleurs aucune donnée exacte sur les forces de l'ennemi (on savait seulement que la ville était primitivement défendue par 6.000 hommes), se décida à attaquer Plewna, et disposa ses troupes de la manière suivante : au nord, le 9e régiment du Don, au nord-est, les régiments d'Arkhangelgorod et de Vologda, au sud-est, le régiment de Kostroma, et au sud, près de Toutchenitza, la brigade de cosaques du Caucase. Dès l'aube du jour, après avoir fortement canonné les positions ennemies, les troupes russes, formées en colonnes de compagnies sur deux lignes (deux bataillons formés en première ligne, et un bataillon formé en réserve) et précédées par une forte chaine de tirailleurs, attaquèrent la position ennemie du côté du nord-est et du sud-est, s'en rapprochèrent sur toute la ligne, pénétrèrent même sur certains points dans Plewna; mais, affaiblis par le feu meurtrier des Turcs postés dans les tranchées, attaqués par des troupes fraiches, les Russes furent obligés de reculer en jonchant le terrain de morts et de blessés. Les Turcs n'osèrent cependant pas poursuivre les Russes. Quant à la cause de l'insuccès de l'attaque, elle était tout entière dans l'énorme disproportion des forces, Les défenseurs de Plewna avaient encore l'avantage d'occuper des positions retranchées et possédant naturellement une valeur défensive réelle. Enfin et de plus, les troupes russes de l'aile droite et de l'aile gauche ne purent, en raison de la nature même du terrain, combiner leur action.

Après cet échec, les troupes du 9e corps, laissant à Nicopolis un régiment chargé de garder cette place avec le concours des Roumains, se concentrèrent sous Plewna et y attendirent des renforts. On envoya en effet à Plewna, par ordre du généralissime, la 30e division d'infanterie (4e corps), qui venait de traverser le Danube, la 1re brigade de la 32e division d'infanterie et la 1re brigade de la 11e division de cavalerie. Le général Krudener, se trouvant alors à la tête de 36 bataillons, 30 escadrons et 186 bouches à feu, attaqua Osman-Pacha le 18/30 juillet. Il divisa à cet effet ses troupes en deux groupes ; l'un, sous les ordres du général-lieutenant Véliaminoff et composé de 18 bataillons avec 80 bouches à feu, devait opérer sur le flanc droit, au nord de la route ; l'autre, sous les ordres du général-lieutenant, prince Schakhoffskoï, commandant le 11e corps et fort de 12 bataillons, 4 escadrons, avec 48 bouches à feu, fut dirigé vers l'aile gauche et posté entre les villages de Grivitza et de Radischévo ; 6 bataillons, 4 escadrons et 30 bouches à feu formaient la réserve générale ; enfin des partis de cavalerie étaient envoyés à l'extrême droite et à l'extrême gauche. L'un d'eux, celui de gauche (12 sotnias, 16 bouches à feu soutenues par un bataillon), confié au général-major Skobeleff, de la suite de l'empereur, joua un rôle des plus significatifs pendant le cours de la bataille. Pendant ce temps l'énergique et clairvoyant défenseur de Plewna, Osman-Pacha avait mis à profit les dix jours qui s'étaient écoulés depuis le premier combat et pris toutes ses mesures pour résister à de nouvelles attaques. A cet effet il avait attiré à lui la plus grande partie des troupes turques qui se trouvaient tant dans la Bulgarie occidentale que sur la frontière de Serbie, et de plus il avait considérablement augmenté par des ouvrages la valeur défensive de ses positions. Les Russes se trouvèrent donc encore une fois en présence d'un ennemi supérieur en nombre, électrisé par la victoire qu'il venait de remporter, commandé par un chef énergique et habile. L'attaque commença sur l'aile gauche des Russes, qui s'emparèrent, de ce côté, de plusieurs lignes de retranchements, pénétrèrent même dans la ville. Mais décimées par un feu meurtrier, attaquées par des troupes fraîches, les troupes russes durent reculer. Dès que l'aile gauche se fut engagée, l'aile droite commença, un peu après midi, à dessiner un mouvement en avant. Mais, malgré toute la valeur déployée de ce côté et bien qu'ils eussent réussi à enlever quelques tranchées, les Russes furent également tenus en échec sur leur droite. C'est alors que le général Krudener, après avoir engagé ses dernières réserves, donna, à la tombée de la nuit, l'ordre de battre en retraite. Pendant toute la durée de la bataille, le corps de cavalerie de l'extrême gauche, qui, sous les ordres du général Skobeleff, était chargé de couvrir les flancs du général-lieutenant prince Schakoffskoï, s'était brillamment acquitté de la mission qu'on lui avait confiée, en occupant pendant toute la journée une bonne partie des troupes turques. Ce fut encore ce corps qui, le soir, fut chargé de couvrir la retraite de l'aile gauche des Russes.

Après la bataille du 18/30 juillet, les troupes russes se massèrent à une petite journée de marche de Plewna, à Trostianik et Karagatch.

Opérations offensives des armées turques.

La bataille de Plewna du 18/30 juillet avait démontré d'une manière indéniable l'existence d'une concentration considérable opérée par les Turcs sur l'aile droite des armées russes, et l'urgence d'une action énergique dirigée contre l'armée d'Osman-Pacha. De plus les Russes devaient, d'une part, chercher à tout prix à conserver la passe de Chipka, dont la possession pouvait être pour eux d'une importance capitale, dès qu'ils seraient en état de prendre l'offensive et de passer de l'autre côté des Balkans, et de l'autre s'efforcer de protéger contre les attaques des Turcs le sandjak de Tirnova, occupé par les troupes russes. Les forces russes étaient, par suite, obligées de couvrir une vaste étendue de terrain, d'occuper un front considérable, et d'attendre conséquemment l'arrivée de renforts indispensables pour avoir chance de remporter des avantages décisifs sur l'armée d'Osman-Pacha ou sur un point quelconque du théâtre de la guerre.

La situation, que les derniers insuccès avaient faite aux Russes les obligeait donc à attendre que les Turcs prissent l'offensive. Cet état de choses n'échappa pas aux généraux turcs, et pendant les mois de juillet et d'août ils essayèrent de prendre l'offensive sur tous les points; mais ces tentatives manquèrent d'ensemble, et les efforts tentés par chacun des généraux turcs isolément furent dépourvus de lien, d'unité, de simultanéité. Dès la mi-juillet, l'armée de Méhémet-Ali-Pacha, prit l'offensive sur toute la ligne du Kara-Lom, et pendant le mois d'août elle livra aux troupes russes de nombreux combats : le 10/22 août à Aïaslar, le 18/30 à Kara-Khassankioï, le 24 août /5 septembre à Katzéleff et Ablovo. D'autre part, l'armée de Suleiman-Pacha attaquait les passages de Khain-Kioï et de Chipka (du 9/21 au 13/25 août), et l'armée d'Osman-Pacha livrait le 19/31 août les combats de Pelichate et de Skalèvitza.

Les attaques dirigées par Suleiman-Pacha contre le défilé de Chipka, dont nous allons nous occuper maintenant, présentèrent surtout un caractère de gravité inquiétante.

Les renseignements parvenus au quartier général du 8e corps, qui occupait et défendait les passes des Balkans, établissaient que le gros des forces de Suleiman-Pacha était posté, à la fin de juillet et au commencement d'août, autour d'Iéni-Zagra et de Slivno. On devait donc s'attendre à tout instant à voir le général turc se porter en avant pour essayer d'opérer sa jonction avec les troupes turques qui occupaient Osman-Bazar, soit en passant par Kotel, soit en débouchant sur le flanc des Russes en franchissant les défilés du côté d'Eléna et de Bébrovo.

Les défilés des Balkans, dont la garde était confiée aux troupes de la 9e division du 8e corps, étaient défendus : les défilés d'Eléna et de Bébrovo, par un régiment d'infanterie, un régiment de dragons et 10 bouches à feu;

Celui de Khain-Kioï, par un régiment d'infanterie, 8 bouches à feu et 2 sotnias de cosaques;

Celui de Chipka, par le 36e régiment d'Orel, 22 bouches à feu, 5 *droujinas* d'*opoltchénie* (milice) bulgare et 5 sotnias de cosaques.

Les Turcs attaquèrent d'abord le défilé de Khain-Kioï le 4/16 août; le 7/19 août ils se montraient devant les passes d'Eléna et de Bébrovo et devant le défilé de Chipka. Des renseignements parvenus au général-lieutenant Radetzky, commandant le 8e corps, lui ayant signalé une grosse concentration de troupes ennemies, surtout à Eléna, le général ne dirigea sur Chipka qu'un seul régiment, celui de Briansk, tandis que lui-même, avec la 4e brigade de tirailleurs, se portait sur Eléna, où il envoyait également la 2e brigade de la 14e division.

Ce ne fut que le 8/20 août qu'on put acquérir la certitude que les Turcs se contentaient d'exécuter une démonstration du côté d'Eléna, et le 9/21 août, on savait, à n'en plus douter, que l'armée tout entière de Suleiman-Pacha, forte de plus de 40 bataillons, se préparait à attaquer le défilé de Chipka, non pas pour tenter une diversion de ce côté, mais bien dans l'intention formelle de s'en rendre maîtresse à tout prix. Le général-lieutenant Radetzky fit partir aussitôt de Tirnova, pour soutenir les troupes postées à Chipka, toutes les forces dont il disposait : la 4e brigade de tirailleurs et la 2e brigade de la 14e division furent dirigées immédiatement sur Chipka; la 1re brigade de cette division devait les suivre dès qu'elle aurait été relevée par d'autres troupes, et se porter sur Chipka en passant par Gabrovo. Il ressortait de ces dispositions que les troupes chargées de défendre le défilé de Chipka, attaquées par les Turcs le 9/21 août, ne pouvaient recevoir des renforts quelque peu considérables avant le 11/23, par cela même qu'il y a de Tirnova à Chipka deux grandes journées de marche. Les deux régiments d'Orel et de Briansk, ainsi que les 5 *droujinas d'opoltchénie* bulgare, allaient donc avoir à supporter à eux seuls, pendant deux longues journées, tout le poids des attaques des Turcs.

Les positions de Chipka, tout en présentant de grands avantages pour le défenseur, offraient d'autre part de graves inconvénients. L'assaillant pouvait en effet tourner assez facilement ces positions et venir s'établir sur les flancs des défenseurs, à une distance et sur des points qui lui permettaient d'enfiler par ses feux les points occupés par les Russes. Les Turcs se hâtèrent de profiter de l'avantage qu'ils pouvaient tirer de la configuration du terrain. Tout en occupant les Russes sur le front de la position, ils ne cessèrent de les inquiéter sur leurs flancs et établirent sur les hauteurs voisines du défilé, sur les points qui le dominent, des batteries qui ouvrirent un feu terrible contre toute la position russe.

Les Turcs déployèrent une énergie et un acharnement

indicibles dans leurs premières attaques du 9/21 août. Couverts par de longues et fortes lignes de tirailleurs, ils ne cessaient de s'élancer à l'assaut des positions russes, remplaçant constamment leurs régiments décimés par des troupes fraîches. Ce ne fut que grâce à la valeur individuelle, à l'abnégation de chacun, depuis les généraux jusqu'au dernier soldat, grâce à la solidité légendaire du fantassin russe, que les défenseurs de Chipka réussirent à se maintenir sur leur position. La journée du lendemain fut plus rude encore. Les Turcs cherchèrent sans relâche à déborder les flancs de la position, et firent pleuvoir sur elle une grêle de balles et d'obus. A peine une de leurs attaques avait-elle échoué, qu'ils en commençaient aussitôt une autre. Le soir du troisième jour, les Russes furent obligés de se multiplier, de faire des prodiges de valeur pour rester maîtres de leurs positions. Ni les pertes terribles qui avaient éclairci leurs rangs, ni la fatigue corporelle, ni l'épuisement moral, ni le manque de vivres et de munitions, ne réussirent à décourager les héroïques défenseurs de Chipka, et malgré les efforts surhumains de Suleiman-Pacha, pressé d'en finir avant que l'ennemi ait pu recevoir des renforts, les Russes parvinrent à repousser toutes les attaques des Turcs. Enfin, le 11/23 au soir les renforts commencèrent à arriver et les choses prirent aussitôt une autre tournure. La lutte avait duré deux grands jours, sans cesse, sans répit, sans interruption, et Suleiman-Pacha, épuisé par les pertes énormes subies par ses troupes, renonça momentanément à renouveler ses attaques.

Le général turc ne crut pas devoir cependant abandonner complètement son projet. A partir du 14/26 avril les Turcs, qui étaient restés en vue des positions russes de Chipka, recommencèrent le bombardement. Le 1er/13 septembre le feu des Turcs redoubla de violence et d'intensité, ils mirent des mortiers en batterie, et les pertes des Russes, qui depuis le 14/26 août n'avaient été que de 5 à 10 hommes par jour, s'élevèrent à plus de 40. Enfin dans la nuit du 4/16 au 5/17 septembre, les Turcs dirigèrent une attaque des plus sérieuses sur les positions russes de Chipka. Les Turcs, s'avançant en dissimulant complétement leur marche, arivèrent jusqu'aux positions avancées des Russes, jusqu'aux tranchées du mont Saint-Nicolas, défendues par deux compagnies du régiment de Podolie, en surprirent les défenseurs, firent pleuvoir sur les tranchées une grêle de grenades, s'emparèrent des tranchées et commencèrent immédiatement à élever des retranchements sur le mont Saint-Nicolas. Les attaques des Turcs échouèrent sur tous les autres points, mais le 5/17 au matin ils étaient encore maîtres du mont Saint-Nicolas, qu'il fallut faire reprendre d'assaut par deux compagnies du régiment de Jitomir et une compagnie du régiment de Volhynie.

Les Turcs durent définitivement abandonner cette hauteur, sur laquelle les Russes s'établirent alors plus solidement que par le passé. Pour se faire une idée exacte de l'acharnement qui se déploya de part et d'autre pendant la journée du 5/17, il suffira de dire que les Turcs perdirent dans cette affaire plus de 3.000 hommes. A partir de ce moment, les Turcs se contentèrent de faire observer le défilé de Chipka, et les quelques démonstrations qu'ils esquissèrent ensuite n'eurent aucun caractère de gravité.

Nous allons passer maintenant à l'exposé des opérations offensives de l'armée de Méhémet-Ali-Pacha contre l'armée russe de Roustchouk, et commencer par retracer rapidement les faits de guerre qui se produisirent de ce côté depuis la fin de juin jusqu'au 10 août.

Après la prise de Biéla, 23 juin/5 juillet, le corps de Roustchouk, afin de couvrir le flanc gauche de l'armée d'opérations, commença à dessiner son mouvement en avant et à se porter de la ligne de la Jantra sur celle du Kara-Lom et de l'Ak-Lom. Des corps volants et des reconnaissances, soutenus en arrière par des détachements plus forts composés de troupes des trois armes, chargés d'enlever des convois, d'exécuter des raids, de couper les voies ferrées et les communications télégraphiques, dessinèrent peu à peu leur mouvement et occupèrent, dans les premiers jours d'août, une ligne d'avant-postes le long du Kara-Lom. Ces postes étaient couverts en avant par des partis de cavalerie, dont l'un poussa même jusqu'à Sadina, à 15 verstes de Rasgrad.

Il serait trop long d'entrer dans le détail de toutes les opérations du corps de Roustchouk, et pour éviter trop de longueurs, nous nous contenterons d'énumérer, en suivant l'ordre chronologique, les combats livrés par cette armée pendant le cours des mois de juin et de juillet.

Le 23 juin/5 juillet, le jour même où l'armée de Roustchouk enlevait Biéla, les cosaques étaient engagés de leur côté avec l'ennemi, auquel ils prenaient un convoi de 100 voitures près du village de Tschertchek, au nord-est de Biéla. Trois jours plus tard, un parti de uhlans attaquait l'ennemi près de Tchaïr-Kioï et, soutenu par la cavalerie qui le suivait, enlevait un convoi de près de 1.000 voitures. Quelques jours après, les pointes de cavalerie, en s'approchant du Kara-Lom, rencontrèrent l'ennemi le 5/17 juillet près de Popkioï, et le 9/21 juillet la cavalerie, dirigée par le grand-duc Wladimir-Alexandrovitch en personne, poussa une reconnaissance des plus sérieuses du côté de Kadikioï, détruisit les télégraphes et fit sauter la voie ferrée avec la dynamite.

A la suite de cette reconnaissance, 7 escadrons et une batterie, sous les ordres du général aide de camp prince Woronzoff-Daschkoff, poussèrent une reconnaissance offensive dans la direction de Roustchouk. La reconnaissance put arriver jusqu'aux avant-postes turcs à Tchernavoda, détruisit les télégraphes et la voie ferrée. Le 10/22 juillet, le corps du général-lieutenant prince Manveloff rencontra l'ennemi à Pissantza et reconnut sur ce point la présence de forces considérables ; enfin, le 14/26, le général-major Tikhméneff, avec 17 compagnies et 8 bouches à feu, s'engagea avec l'ennemi auprès du village d'Ezerzi, l'en chassa et le rejeta dans la direction de Rasgrad.

L'armée de Roustchouk avait donc, pendant les mois de juin et de juillet, rejeté l'armée de Méhémet-Ali-Pacha de l'autre côté du Kara-Lom, obligé les troupes qui défendaient Roustchouk a se resserrer autour de la place, et réussi, au prix de pertes peu considérables, à assurer la sécurité du flanc gauche de l'armée d'opérations.

Pendant que l'armée de Roustchouk entreprenait cette série d'opérations, les batteries de Giurgéwo bombardaient la place, et la flottille russe entreprenait sur le Danube de nombreuses reconnaissances, dont la plus hardie fut assurément celle exécutée le 9/21 juillet par le lieutenant Doubassoff.

A partir du 18/30 juillet, à partir du jour où se livrait la deuxième bataille sous les murs de Plewna, les Turcs, qui avaient constamment battu en retraite, prirent tout à coup l'offensive.

Au début ce ne furent guère que les avant-gardes, que des colonnes volantes qui se rencontrèrent, mais à partir du mois d'août le gros des forces de l'armée turque de Rasgrad entra en ligne.

Dès le 18/30 juillet, les Turcs tentèrent presque journellement de prendre l'offensive sur toute la ligne occupée par l'armée de Roustchouk le long du Kara-Lom, au nord dans la direction de Kadi-Kioï, au centre, depuis Rasgrad jusqu'à Sadina au sud du côté d'Aiaslar et sur la route d'Osman-Bazar Toutes ces premières tentatives échouèrent complétement.

Mais à partir du 10/22 août, les Turcs mirent en ligne des

forces considérables. Ce jour-là, les Turcs attaquèrent les Russes sur la route de Choumla, sur le cours supérieur du Kara-Lom, et enlevèrent les hauteurs d'Aïaslar défendues par l'avant-garde du corps de Pop-Kioï, commandé par le général-lieutenant Prokhoroff.

Cet officier général reçut l'ordre de reprendre pendant la nuit les hauteurs qu'il avait perdues et attaqua l'ennemi. On avait ordonné d'exécuter cette attaque nuitamment afin d'atténuer les pertes que le feu plongeant des Turcs, postés sur les hauteurs d'Aïaslar aurait fait éprouver à l'infanterie russe. Après avoir depuis la fin du jour fait canonner la position turque, sept bataillons pris dans les régiments de la Néva, de Sophie et de Bolkhoff s'élancèrent dès que la nuit fut venue, et à dix heures du soir ils enlevaient la position d'Aïaslar. L'ennemi, qui avait massé sur ce point 16 à 20 bataillons attachait une importance si capitale à la possession de cette position, que pendant la nuit il tenta huit attaques successives pour reprendre les hauteurs. Mais ce ne fut que le lendemain matin que les sept bataillons russes, épuisés par une lutte acharnée qui avait duré pendant toute la journée et toute la nuit, mourant de soif, accablés par une chaleur torride, se décidèrent de nouveau à abandonner la position qu'ils avaient défendue avec tant d'acharnement, et se retirèrent sur Sultan-Kioï.

Le 18/30 août, les Turcs d'abord au nombre de 12.000, puis au nombre de 18.000 hommes, se portèrent de Rasgrad sur Sadina, Spakhiliar et Karakhassankioï contre les avant-postes russes, forts de trois bataillons, quatre escadrons et dix bouches à feu, sous les ordres du général-major Léonoff.

Pendant toute une journée ce faible corps tint tête à l'ennemi. Le régiment de Zaraïsk repoussa par ses feux d'innombrables attaques et appuya puissamment les charges des cavaliers russes. Enfin le soir, le détachement se retira tranquillement et en cédant le terrain pied à pied, jusque sur la position occupée par le gros des troupes.

Le lendemain les Turcs renouvelèrent leurs attaques sur le cours moyen et sur le cours supérieur du Kara-Lom à Gagovo et Kadikioï ; mais leurs tentatives furent moins énergiques et furent repoussées sur toute la ligne.

Le 24 août/5 septembre, ils tentèrent de nouveau une opération des plus sérieuses sur le Kara-Lom, à Katzélévo et Ablovo. Soixante tabors d'infanterie et soixante bouches à feu, sous les ordres de Méhémet-Ali-Pacha en personne, attaquèrent un corps russe qui, composé de troupes de la 33e division d'infanterie (12e corps), sous les ordres du général-lieutenant baron Drisen, était posté à Ablovo et avait poussé ses avant-postes jusqu'à Katzélevo. Pendant onze heures, cette division résista aux attaques d'un ennemi supérieur en nombre ; cependant à la fin de la journée, le général Drisen dut abandonner Katzélevo, mais resta maître d'Ablovo.

Enfin, dans le courant de septembre, les Turcs essayèrent de prendre l'offensive sur le cours supérieur de l'Ak-Lom, près de Tchaïr-Kioï, et de culbuter l'aile gauche des Russes. Le 9/21 septembre, une partie du 4e corps, composée de troupes des 26e et 32e divisions, sous les ordres du général-lieutenant Tatischtcheff, postée entre Tserkovnia et Tchaïr-Kioï, fut attaquée par 20.000 Turcs et 40 bouches à feu, sous les ordres du prince Hassan. Les Turcs attaquèrent d'abord l'aile droite, puis l'aile gauche et enfin le centre du petit corps russe, mais ils furent repoussés sur tous les points, et le soir, après avoir perdu beaucoup de monde, ils furent obligés de se retirer précipitamment en laissant sur le terrain leurs morts et leurs blessés.

Les troupes de l'armée de Roustchouk, échelonnées sur un front défensif des plus étendus, avaient dû, lorsque les Turcs prirent l'offensive, résister aux attaques d'un ennemi qui avait toujours pour lui la supériorité du nombre, par cela même qu'il lui était toujours possible de concentrer ses forces pour les lancer sur un point donné des positions russes. Dans toutes ces rencontres, les troupes russes déployèrent, on ne saurait le nier, de véritables qualités militaires. La plupart des régiments engagés, bien que voyant le feu pour la première fois, se comportèrent aussi bravement que de vieilles troupes aguerries, et se distinguèrent par leur solidité et leur sang-froid.

Les attaques des Turcs tendirent toutes à déborder les Russes et à tourner leurs ailes à l'aide de longues chaînes de tirailleurs échelonnées sur plusieurs lignes. Il faut remarquer qu'ici comme partout ailleurs, dans les opérations offensives comme dans les combats défensifs, les fantassins turcs firent une énorme consommation de munitions et un usage presque exclusif des feux à volonté. Les Russes, au contraire, tout en se servant de l'ordre dispersé et en formant leurs tirailleurs sur plusieurs lignes, firent un usage assez fréquent des feux de salve exécutés au commandement, lorsque l'ennemi arrivait à une petite distance.

Le 19/31 août, Osman-Pacha prenait également l'offensive à Plewna.

L'armée russe de l'Ouest, formée des 4e et 5e corps d'armée et des troupes roumaines, placées depuis le 18/30 août sous les ordres du prince Charles de Roumanie, qui avait pour chef d'état-major général le général-lieutenant Zotoff (de l'armée russe), occupait une forte position retranchée qui fermait la route de Bolgaréni et de Biéla. Les troupes du 4e corps d'armée formaient l'aile gauche et étaient postées à Skalévitzé et Pélichate, tandis que le 9e corps et la 4e division roumaine formaient l'aile droite de l'armée.

Le 19/31 août, dès l'aube, l'infanterie turque, précédée par une nombreuse cavalerie, s'avança contre les positions occupées par le 4e corps. Dès qu'elle fut arrivée à portée de canon de la position des Russes, la cavalerie obliqua pour se porter sur les deux ailes des Turcs et démasqua d'épaisses chaînes de tirailleurs, qui cherchèrent à déborder les flancs du 4e corps. Ce corps d'armée dut, dans le principe, résister à lui seul aux attaques des Turcs, mais dès qu'on put voir clair dans les intentions de l'ennemi, dès que l'on eut reconnu que les Turcs ne tentaient pas une simple démonstration, mais cherchaient à écraser l'aile droite de l'armée russe de l'Ouest, le général Zotoff fit soutenir son aile gauche par des troupes du 9e corps. Les Russes réussirent alors à repousser trois attaques successives que les Turcs exécutèrent avec une grande énergie, après les avoir préparées en couvrant de feux les positions occupées par les 4e et 9e corps russes. Les Turcs, repoussés sur toute la ligne, se replièrent sur Plewna poursuivis par les troupes russes, qui s'avancèrent jusqu'au moment où elles arrivèrent à portée du canon de la place ; mais cette poursuite ne put amener que des résultats insignifiants, par la bonne raison que les Russes manquaient de cavalerie sur ce point.

Opérations militaires dans la Bulgarie centrale et dans la Bulgarie occidentale.

Vers la fin d'août, les Russes, qui avaient reçu des renforts et auxquels était venue s'adjoindre l'armée roumaine, reprirent l'offensive du côté de Plewna.

Mais de son côté Osman-Pacha avait mis à profit le temps qui s'était écoulé depuis la mi-juillet jusqu'à la fin d'août. Les tranchées et les redoutes insignifiantes avaient disparu pour faire place à un véritable camp retranché, couvert par des ouvrages ayant le type et le profil d'ouvrages de fortification permanente, et dans lesquels on avait mis en batterie une nombreuse et puissante artillerie. Osman-Pacha avait de plus renforcé son armée en appelant à lui les garnisons des postes fortifiés de Bulgarie ainsi que les défenseurs d'un certain nombre de places situées de l'autre côté des Balkans. Enfin le général turc avait pendant tout ce temps réquisitionné sur une grande échelle tout le pays, et grâce aux communications encore ouvertes avec la Roumélie, il avait réussi à acccumuler à Plewna des approvisionnements et des munitions de guerre en quantités considérables.

Il importait donc tout d'abord de faire reculer Osman-Pacha, de le rejeter dans Plewna et, avant tout, de le couper de ses communications, tant avec la Roumélie et la capitale qu'avec les pays situés de l'autre côté des Balkans, d'où lui arrivaient sans cesse des renforts et des vivres. Il fallait donc, avant tout, s'emparer de Lovtcha, que les Turcs avaient fortement occupé, et le 22 août/3 septembre, les Russes reprirent l'offensive en attaquant et en enlevant ce point.

Le corps du général prince Imérétinsky, fort de deux divisions d'infanterie, d'une brigade de cosaques du Caucase et de quelques sotnias de cosaques du Don, et précédé par le général Skobeleff, se mit en marche sur Lovtcha le 20 août/1er septembre et s'empara de ce point important le 22 août/3 septembre après un combat des plus acharnés. Les positions fortifiées sur lesquelles les Turcs s'étaient établis étaient situées sur les deux rives de l'Osma, rivière qui passe à Lovtcha. Arrivée en vue de ces positions le 20 août/1er septembre, l'avant-garde du général Skobeleff chassa les urcs de leurs retranchements les plus avancés, prit pied sur les hauteurs situées en face de la position ennemie, y établit de fortes batteries, y traça des tranchées, et le 22, tout le corps russe s'élançait à l'assaut de la première ligne des retranchements turcs, en attaquant d'abord la *Rujaïa Gora* (montagne Rousse) clef de toutes les positions environnantes ; pénétrait ensuite dans Lovtcha, traversait l'Osma et s'emparait de la deuxième ligne de retranchements. Malgré la valeur qu'ils déployèrent, les Turcs furent culbutés à la baïonnette, obligés de battre précipitamment en retraite et chaudement poursuivis par la cavalerie russe, qui sabra un grand nombre de fuyards.

Après la prise de Lovtcha, une partie des forces placées sous les ordres du général prince Imérétinsky, forma le détachement de Selvi et Lovtcha, tandis que l'autre, composée de la deuxième division d'infanterie, de la brigade de tirailleurs et de la brigade de cosaques du Caucase, fut immédiatement dirigée sur Plewna et postée sur le front sud-est de cette ville.

Les troupes russes, qui se trouvaient alors sous Plewna, et qui, sous les ordres du prince Charles de Roumanie, constituaient l'armée de l'Ouest, se composaient en ce moment des 4e et 9e corps d'armée, de la 2e division d'infanterie, de la 3e brigade de tirailleurs, de 3 divisions roumaines, de 3 divisions de cavalerie et de 3 régiments de *kalarachi* (1).

On avait résolu de bombarder Plewna avec des pièces de campagne et de siége pendant le laps de temps nécessaire non-seulement pour entamer les ouvrages ennemis, mais encore pour agir efficacement sur le moral des assiégés, réduire leur artillerie au silence et préparer les troupes et le matériel pour le jour de l'assaut. Le programme consistait à s'approcher de la position ennemie progressivement et à couvert, en profitant des abris du terrain, en cheminant, et à l'enlever de vive force. La principale attaque devait être dirigée sur le flanc droit de l'ennemi, vers le sud-est, du côté des hauteurs dites *Montagnes Vertes* (*Zélénia Vissoti*).

Dans la nuit du 26 août/7 septembre, les troupes russes s'avancèrent en silence et sans se montrer, jusqu'à portée de canon des retranchements turcs, employèrent toute la nuit, sans être aperçues par l'ennemi, à établir des épaulements pour leurs pièces de siége et de campagne, et le 26,

(1) Régiments de cavalerie de l'armée territoriale roumaine.

dès six heures du matin, les batteries russes ouvrirent un feu concentrique sur des points déterminés à l'avance. L'ennemi répondit énergiquement, et son feu ne se ralentit pas un seul instant pendant tout le cours de la journée. Le lendemain deux nouvelles divisions roumaines vinrent se poster à l'aile droite ; l'artillerie russe se rapprocha de la place. Les pièces russes de 4 livres et les batteries roumaines ne cessèrent de combattre l'artillerie de la place; de plus on prescrivit à la cavalerie de l'aile droite de passer le Vid et d'opérer sur les lignes de communication de l'ennemi, tandis que le corps du général prince Imérétinsky, précédé par une avant-garde commandée par le général Skobeleff, recevait l'ordre d'attaquer les hauteurs des *Montagnes Vertes,* qui dominent Plewna. A l'aube du jour, les troupes du prince Imérétinsky attaquaient la deuxième ligne des *Montagnes Vertes,* en chassaient les Turcs, arrivaient même jusqu'à la troisième ligne, mais ne pouvaient s'y maintenir et se retiraient sur la deuxième ligne, où elles s'établirent solidement et qu'elles mirent aussitôt en état de défense.

Le 28 août/9 septembre les Turcs attaquèrent avec un incroyable acharnement les troupes du général Skobeleff. Bien que ces attaques multipliées eussent été toutes repoussées par le général Skobeleff, on pensa que l'énergie, déployée par les Turcs dans cette journée était l'indice certain de leur intention de prendre énergiquement l'offensive. On résolut donc de continuer pendant quelques jours à canonner vigoureusement le camp retranché de Plewna, afin de démoraliser l'ennemi et d'entamer le plus possible les ouvrages. Mais le 29 août/10 septembre au matin le temps changea tout à coup : une pluie torrentielle se mit à tomber, et comme, vu le mauvais état des routes, que ces pluies allaient rendre impraticables, on courait le risque de ne pouvoir se ravitailler en munitions, on fut obligé de se décider continuer le bombardement que pendant cette journée et à donner l'assaut le lendemain.

Le 30 août/11 septembre, en exécution des ordres donnés par le prince Charles de Roumanie, les Russes attaquèrent la place sur les points suivants : redoute de Grivitza, redoute centrale et troisième ligne des *Montagnes Vertes*. Après avoir fait des prodiges de valeur, après avoir subi des pertes énormes, les Russes enlevèrent Grivitza et deux redoutes sur la face sud de la place, mais ils ne réussirent pas à pénétrer dans la redoute centrale. La journée du 30 août/11 septembre n'avait assuré aux Russes que des avantages partiels, dont on n'aurait pu profiter que si l'on avait eu des troupes fraîches sous la main. On se décida donc à garder la redoute de Grivitza et à abandonner les hauteurs des *Montagnes Vertes*. Ainsi se termina cette lutte qui avait duré six jours, cette lutte dans laquelle, comme le disait le général Zotoff dans son rapport, chacun fit héroïquement son devoir, cette lutte qui démontra une fois de plus que le soldat russe est capable des efforts les plus grands et qu'il n'est arrêté que par l'impossibilité matérielle.

L'attaque de Plewna du 30 août/11 septembre avait fait ressortir toutes les difficultés qu'on rencontrerait à s'emparer de ce camp retranché par une attaque de vive force. Il fallait donc se résoudre à faire un siége en règle, à bloquer l'armée d'Osman-Pacha, à cheminer pas à pas pour s'approcher de la place du côté de l'est. Ce furent ces travaux dont la direction fut confiée au général aide de camp Totleben, qui venait de rejoindre l'armée de Plewna. L'arrivée en Bulgarie du corps de la garde et d'autres renforts allait permettre aux Russes de se maintenir sur les positions qu'ils occupaient, et d'entreprendre des opérations offensives tendant à rejeter Osman-Pacha dans Plewna et à lui couper la retraite.

A cet effet, on forma dans les premiers jours de septembre, avec une grande partie de la cavalerie de l'armée de l'Ouest, un corps de cavalerie qui fut confié au général-lieutenant Kriloff et qu'on porta dans la direction du Vid, avec ordre de forcer les troupes d'Osman-Pacha à se rapprocher de Plewna, d'enlever les convois destinés au ravitaillement de cette armée, de détruire les approvisionnements accumulés de ce coté, de chasser les bandes de Tcherkesses et de bachi-bouzouks qui infestaient tout le pays situé entre l'Isker et le Vid, de se procurer des renseignements précis sur les forces de l'ennemi ainsi que sur les ouvrages que les Turcs avaient élevés sur leurs lignes de communication. Arrivé avec son corps à Dolny-Doubniak le 7/19 septembre, le général-lieutenant Kriloff poussa de gros partis de cavalerie sur la route de Plewna à Sofia, reconnut tout le pays entre l'Isker et le Vid, contourna Plewna, s'approcha de Rahovo et se mit en communication avec les Roumains postés à Ribine. Les opérations du corps de cavalerie du général Kriloff du 7/19 septembre au 24 septembre /6 octobre, valurent aux Russes certains avantages assez significatifs. La cavalerie avait en effet coupé les communications télégraphiques entre Plewna, Widdin et Sofia, purgé le pays des bandes de cavaliers irréguliers turcs, enlevé plusieurs convois, reconnu et levé tout le terrain sur lequel allaient se dérouler les opérations.

Le 12/24 octobre, lorsque le corps de la garde se fut concentré, on prescrivit aux troupes de la garde sous les ordres du général aide de camp Gourko de prendre l'offensive sur la route de Plewna à Sofia, afin de couper l'armée d'Osman-Pacha de ses communications avec les pays situés de l'autre côté des Balkans. On désigna pour ces opérations les 1re et 2e divisions de la garde, la brigade de tirailleurs de la garde, 7 bataillons d'infanterie roumaine, la 2e division de cavalerie de la garde, 33 escadrons et sotnias de cavalerie de l'armée (parmi lesquels une brigade de Kalarachi), les 1re et 2e brigades d'artillerie, quelques bateries à cheval. En somme 43 bataillons (dont 7 roumains), 66 escadrons et sotnias et 120 bouches à feu.

Le corps de la garde devait déboucher sur la route de Sofia, à Gorny-Doubniak, point que les Turcs avaient fortement retranché, et qui formait l'un des anneaux de cette longue chaîne de points fortifiés qu'ils avaient disposés sur les lignes de communication de l'armée de Plewna.

Le général aide de camp Gourko prit, en vue de l'attaque sur Gorny-Doubniak, qu'il voulait exécuter le 12/24 octobre, les dispositions suivantes :

Le gros de ses forces : 20 bataillons, 6 escadrons et 48 bouches à feu, se dirigèrent sur Gorny-Doubniak ; 12 bataillons, 11 escadrons et 44 bouches à feu devaient couvrir le gros du côté de Dolny-Doubniak, et 4 bataillons, 16 escadrons et 20 bouches à feu furent chargés d'une mission analogue du côté du sud, vers Télisch ; enfin 20 escadrons et 6 pièces d'artillerie à cheval eurent pour mission de couper la retraite aux Turcs qui occupaient Gorny-Doubniak. De plus, le détachement du général-major Arnoldi, fort de 7 bataillons, 44 escadrons et 3 bouches à feu, reçut l'ordre de faire une grande démonstration sur Dolny-Doubniak pendant que toutes les batteries de siége bombarderaient Plewna, afin d'empêcher Osman-Pacha de tenter une sortie.

Ce fut autour de Gorny-Doubniak que se livra la véritable bataille. Les troupes de la garde enlevèrent d'assaut les positions turques et obligèrent leurs défenseurs à mettre bas les armes. Les autres corps russes, chargés de faire des démonstrations, remplirent parfaitement leur mission et empêchèrent l'ennemi de se porter au secours des troupes postées à Gorny-Doubniak. Ces démonstrations coûtèrent beaucoup de monde, surtout au détachement chargé d'opérer contre Télisch et qui se composait du régiment de chasseurs de la garde, de la 3e brigade de la 2e division de cavalerie de la garde et de 20 bouches à feu.

Les pertes éprouvées par les Russes, et surtout le nombre des officiers mis hors de combat, furent des plus sensibles, même par rapport à l'importance des résultats obtenus.

Le 16/28 octobre, la garnison de Télisch, qui avait été vigoureusement canonnée par l'artillerie de la garde, capitula, et les Russes occupèrent, le 20 octobre/1er novembre, Dolny-Doubniak, que les Turcs avaient évacué à leur approche. Les défaites des Turcs à Gorny-Doubniak et à Dolny-Doubniak eurent pour eux des conséquences graves. Par suite de la perte de ces deux points, l'armée d'Osman-Pacha se trouvait désormais privée de sa principale ligne de communication, et les Russes pouvaient de leur côté procéder derechef à l'investissement complet de Plewna.

A cet effet, et afin de protéger les positions des troupes chargées de cet investissement, les Russes devaient s'étendre davantage à l'ouest de la place et se rendre maîtres des principaux débouchés des Balkans, par lesquels l'ennemi aurait pu tenter de débloquer l'armée d'Osman-Pacha ou de lui faire parvenir des renforts et des vivres. On prescrivit donc d'entreprendre aussitôt une série d'opérations qui devaient aboutir à ce but.

Des corps de cavalerie russe, suivis par des corps composés de troupes des trois armes, occupèrent tout le pays qui s'étend à l'ouest de Plewna jusqu'à Rahovo, Lom Palanka, Berkovetz et Belgradtchyk, ainsi que les défilés des Balkans à l'ouest de la passe de Chipka, à savoir ceux de Rosalitz, de Tétéven, d'Iablonitz, d'Etropol et d'Orkhanié.

Nous allons, du reste, indiquer sommairement et en suivant l'ordre chronologique ces différentes opérations.

Le 21 octobre/2 novembre, les troupes du général-lieutenant Kartzoff enlèvent, après un engagement assez vif, Tétéven, le 28 octobre/9 novembre le général Léonoff occupe Vratza, et le 5/17 novembre les Russes sont maîtres du défilé de Rozaliz. A l'ouest, les Roumains opéraient avec autant de succès; le 10/22 novembre, ils occupent Rahovo, le 18/30 Lom Palanka, pendant que des colonnes volantes russes s'avançaient le 19 novembre/1er décembre jusqu'à Berkovetz et Belgradtchyk.

Quant aux défilés d'Etropol et d'Orkhanié, par lesquels passent les principales routes qui pouvaient servir à l'armée de Méhémet-Ali-Pacha, et que les Turcs occupaient en force, leur possession, qui devait permettre de continuer et de pousser plus avant les opérations dans la direction de Sofia, coûta plus d'efforts et plus de peine. Une partie des troupes de la garde, qu'on avait désignées pour opérer de ce côté, sous les ordres du général aide de camp comte Schouvaloff, s'empara, le 11/23 novembre, après avoir eu à combattre pendant deux jours et contre l'ennemi et contre les éléments, de la forte position de Pravetz, qui se trouve entre Orkhanié et Etropol. Les Turcs évacuèrent alors Orkhanié pour se reporter sur la position de Vratchesch. Des démonstrations, faites par des colonnes russes qui opéraient du côté de Vratza, dans la direction d'Orkhanié, et sur les deux rives de l'Isker, dans la direction d'Etropol, avaient facilité la prise de la position de Pravetz. Il convient même de signaler à ce propos un des épisodes de ces différents combats. Un escadron et demi des dragons de l'empereur, attaqué par des forces supérieures en nombre, ne battit en retraite qu'à grand'peine, en perdant la plus grande partie de son effectif et en abandonnant deux pièces.

Enfin, le 12/24 novembre, la colonne du général Dandeville s'emparait d'Etropol, que les Turcs évacuaient aussitôt pour se porter sur une position qu'ils avaient choisie sur les hauteurs d'Arab-Konak, qui ferment le débouché dans la vallée de Komarki. Les troupes du général Dandeville, s'attachant aux talons des Turcs, occupèrent rapidement les hauteurs de Griota, menaçant de là la ligne de retraite des forces ennemies postées à Vratchesch. Celles-ci abandonnèrent de suite cette position pour se concentrer à Arab-Konak.

Pendant ce temps on employait devant Plewna même, les mois de septembre et d'octobre à pousser les travaux de siége et à canonner le camp retranché. Au commencement du mois d'octobre, les travaux du siége étaient assez avancés du côté de l'est pour faire supposer aux Roumains que le moment d'attaquer l'une des redoutes ennemies était venu. Cette attaque, tentée le 7/19 octobre, échoua ; les troupes roumaines arrivèrent jusqu'au fossé, mais ne purent réussir à s'emparer de l'ouvrage et furent obligées de se retirer.

Après la prise de Gorny-Doubniak on résolut de rapproprocher de Plewna les batteries de siége et les troupes postées du côté sud. A cet effet le général Skobeleff, dans la nuit du 23 au 24 octobre/4 au 5 novembre, se porta sur la position de Brestovetz, attaqua et enleva le 28 octobre/9 novembre la dernière ligne de hauteurs des Montagnes Vertes, et s'y établit si solidement qu'il réussit à repousser victorieusement les attaques que les Turcs tentèrent de ce côté pendant les journées des 30 octobre et 3 novembre/11 et 15 novembre...

Les opérations que nous venons de retracer ci-dessus et les progrès faits par les Russes du côté des Balkans avaient complétement isolé l'armée d'Osman-Pacha. Les défenseurs de Plewna ne pouvaient plus compter désormais sur l'apparition de l'armée de Méhémet-Ali-Pacha, et n'espéraient plus que les opérations de Suleiman-Pacha pussent contraindre les Russes à tourner contre elle le gros de leurs forces. Toutes ces considérations décidèrent le général turc à chercher à se frayer un chemin à travers les lignes des assiégeants avant que son armée ne fût complétement épuisée par les privations, avant qu'elle n'eût mangé ses chevaux. fut ce qu'Osman-Pâcha tenta de faire le 28 novembre

10 décembre ; mais son entreprise échoua et son armée fut obligée de se rendre. Plewna et sa garnison capitulèrent après une résistance héroïque de quatre mois et demi.

Pendant que se déroulaient les faits de guerre que nous venons de retracer, le corps de Roustchouk, ainsi que les troupes postées sur la route d'Osman-Bazar et en face du défilé d'Éléna, se maintenaient sur leurs positions, restaient sur la défensive et se contentaient de faire des reconnaissances et des raids pour se renseigner sur la position et les projets de l'ennemi. Les principales de ces reconnaissances furent celles faites par le détachement de Roustchouk les 9 et 12/21 et 24 octobre. C'est dans cette dernière reconnaissance que fut tué le prince Serge de Leuchtenberg.

Enfin, quant aux opérations tentées par la flotte turque contre les côtes russes de la mer Noire, gardées par les troupes du district militaire d'Odessa, elles n'eurent une importance réelle sur aucun point. La flotte turque, employée en grande partie au transport des troupes, redoutant les torpilles que les Russes avaient immergées sur une quantité de points, gênée par les courses hardies des croiseurs russes et de leurs bateaux-torpilles, apporta une extrême prudence dans toutes ses opérations. Une escadre turque parut devant Eupatoria le 27 juillet/8 août, lança quelques obus qui ne firent aucun mal à la ville et se retira. Quelques bâtiments de guerre se montrèrent encore à deux reprises sur les côtes de Crimée, en juillet, puis en novembre, devant Eupatoria ; mais signalés aussitôt par les troupes qui gardaient les côtes, ils reprirent le large en toute hâte, sans avoir osé tenter de débarquer des troupes.

Ce fut également à ce moment que les Turcs relevèrent de ses fonctions le commandant en chef de leur armée de l'Est. Ce changement ne modifia en rien la situation. Suleiman-Pacha, qui avait remplacé, au commencement d'octobre, Méhémet-Ali-Pacha, se borna à entreprendre dans le début quelques opérations insignifiantes et ne prit sérieusement l'offensive qu'en novembre. Le 7/19 novembre 16 tabors, sortis des positions avancées des Turcs sur le cours inférieur du Kara-Lom, attaquèrent les Russes, mais furent repoussés, vers le soir, sur toute la ligne. Le 14/26, des forces turques considérables attaquèrent les positions de Trostianik et de Metchka, fortifiées par les Russes et situées à une demi-journée de marche de l'embouchure du Kara-Lom; mais après un combat acharné, qui dura six heures, les troupes du grand-duc Wladimir-Alexandrovitch réussirent à rejeter les Turcs, prirent l'offensive à leur tour et poursuivirent chaudement l'ennemi jusqu'à la tombée de la nuit.

Il résultait de toutes les attaques que venaient de tenter les Turcs qu'ils cherchaient principalement à agir contre les flancs des Russes sur le cours inférieur du Kara-Lom, d'une part, et de l'autre, contre leur extrême flanc droit à Éléna et sur la route d'Osman-Bazar.

Ce fut de ce côté que pendant tout le mois de novembre, ils continuèrent à faire des reconnaissances offensives et à tenter des attaques partielles, de sorte qu'on avait tout lieu de croire qu'ils se préparaient à une attaque sérieuse et qu'ils tenteraient à porter aux Russes un coup décisif de ce côté. En effet, après les affaires des 7 et 14/19 et 26 novembre, qui n'avaient pour objet que de détourner l'attention des Russes et de les distraire de ce qui se passait sur leur flanc droit, Suleiman-Pacha, avec 20 à 30.000 hommes, attaquait, le 22 novembre/4 décembre, la position avancée des Russes à Maren (en avant d'Éléna), que défendait le général-lieutenant Sviatopolk-Mirsky avec deux régiments. Chassées de leur position après avoir éprouvé des pertes considérables, les troupes russes se replièrent sur la position d'Iakovitza, située à 5 kilomètres plus en arrière et grâce aux renforts qu'elles reçurent, parvinrent à arrêter le mouvement offensif des Turcs. Quelques jours plus tard, après la catastrophe de Plewna, les Turcs évacuèrent Éléna le 2/14 décembre, et se retirèrent sur Akhmedli, à 20 kilomètres à l'est d'Éléna, sur la route de Slivno. Les Russes poursuivirent l'ennemi, occupèrent Bébrova, firent un grand nombre de prisonniers, s'emparèrent d'une quantité considérable de vivres, et poussèrent les pointes de leurs colonnes jusqu'en vue d'Akhmedli.

Enfin le 30 novembre/11 décembre, les Turcs, au nombre de 60 bataillons, attaquèrent de nouveau le corps du grand-duc Wladimir Alexandrowitch, à Metchka, mais ils furent repoussés et obligés de se retirer en toute hâte, grâce à l'arrivée, sur le théâtre de la lutte, de la 35e division, que le grand-duc héritier avait jetée sur leur flanc.

Pour compléter ce tableau d'ensemble des opérations militaires dans la Turquie d'Europe, il ne nous reste plus qu'à dire quelques mots du rôle joué par le corps du *bas Danube.*

Aussitôt après avoir passé le fleuve, les troupes du corps du bas Danube occupèrent sans coup férir Matchin, Hirsova, Issaktcha et Toultcha. Partout les troupes russes furent reçues avec enthousiasme par les populations chrétiennes. Quant à la population musulmane du pays, la plus grande partie s'était retirée vers le sud, tandis que l'autre allait se joindre aux bandes de bachi-bouzouks et de Tcherkesses qui pillaient et dévastaient le pays.

Afin de rassurer les habitants et de purger le district de Babadagh des bandes de pillards qui le désolaient, une partie des troupes du corps du bas Danube, sous les ordres du général aide de camp Schamcheff, occupa, le 16/28 juin, la ville de Babadagh. On expédia en outre des colonnes volantes qui dispersèrent les bachi-bouzouks et les Tcherkesses et s'emparèrent des chefs de bandes les plus dangereux et les plus redoutés. Quant aux armes enlevées à ces bandes, elles furent distribuées à la population.

Les Russes occupèrent ensuite Medjidié, Tchernavoda et Kustendjé; à la fin du mois de juillet tout le district de Babadagh se trouvait donc entre leurs mains.

Chargées désormais d'un rôle moins actif, les troupes du corps du bas Danube envoyèrent vers le sud et le sud-ouest des colonnes mobiles qui devaient se procurer des renseignements sur le pays, sur l'ennemi, et détruire les bandes de cavaliers irréguliers. Pendant le courant du mois de juillet on s'occupa également de renforcer, du côté de la mer, les ouvrages de Kustendjé. Ces mesures furent d'autant plus opportunes que le 13/25 juillet la flotte turque essaya de bombarder la ville.

Pendant la première quinzaine de septembre, le corps du bas Danube fit deux reconnaissances : l'une dans la direction de Silistrie, le 8/20, l'autre du côté de Bazardtchik le 13/25. On put de la sorte se faire une idée de la force des positions occupées par les Turcs et du nombre des troupes chargées de les défendre.

Le 5/17 octobre, les cosaques enlevèrent, sur la route de Tchernavoda à Silistrie, près de Seilik, un grand convoi turc, sabrèrent et prirent son escorte.

Le 11/23 novembre, le général-lieutenant Zimmermann, ayant intérêt à connaître les positions occupées par l'ennemi et les forces dont il disposait, fit partir plusieurs colonnes volantes, qui eurent quelques engagements heureux avec les Turcs à Oumour-Faki, Baldjik et Hadji-Oglou-Bazardtchik.

Vers la mi-novembre, tout le pays qui s'étend à 17 verstes en avant de la ligne Tchernavoda-Kustendjé était complétement évacué par les Turcs.

Puisque nous avons parlé des opérations du corps du bas Danube dans la Dobroutscha, il nous faut dire quelques mots de celles entreprises par le détachement du général-lieutenant Verevkine, posté sur le cours même du Danube. Ce détachement, formé de troupes stationnées dans le district militaire d'Odessa, avait reçu pour mission de garder la rive gauche du Danube, d'inquiéter l'ennemi, posté à Sulina, et d'empêcher ses incursions sur le cours inférieur du fleuve. Soutenu par une flottille assez insignifiante, ce détachement entreprit, pendant le mois de septembre toute une série de reconnaissances du côté de Sulina, canonna tous les vaisseaux ennemis qui se montrèrent à portée, posa des torpilles en différents endroits et réussit à faire sauter, le 27 septembre/9 octobre, un gros vapeur turc.

OPÉRATIONS MILITAIRES EN ASIE

Opérations du gros des forces et du corps d'Erivan.

Le 12/24 avril, le jour même de la déclaration de guerre, les troupes russes, formées en quatre colonnes, entraient sur le territoire turc. Le gros des forces, sous les ordres du général aide de camp Loris Mélikoff, se dirigeait d'Alexandropol vers Kars; le corps d'Erivan, sous les ordres du général-lieutenant Tergoukassoff, d'Igdir sur Bayazid; le corps d'Akhaltzikh, sous les ordres du général-lieutenant Devel, d'Akhalkalaki sur Ardahan, et le corps du Rion, sous les ordres du général-lieutenant Oklobjio, marchait dans la direction de Batoum.

La nature du terrain sur lequel les divers corps russes allaient avoir à opérer affectait des caractères essentiellement différents; c'est devant le gros des forces que s'étendaient les espaces les plus propres à des opérations militaires, tandis qu'au contraire, le corps du Rion, obligé de suivre la route des côtes, exposée aux feux de la flotte turque, de franchir les nombreux défilés boisés et escarpés qui coupent à chaque pas la route qui aboutit à Batoum, en passant par les contre-forts des hauteurs d'Adjar et d'Akhaltzikh, allait avoir au contraire à lutter contre des obstacles naturels des plus sérieux. Les corps d'Erivan et d'Akhaltzikh avaient, eux aussi, à surmonter de grosses dificultés et à franchir les défilés élevés et resserrés des montagnes voisines de la frontière.

Les troupes turques étaient sous les ordres du commandant du corps d'Anatolie, de Moukhtar-Pacha. Celui-ci, qui avait posté des forces assez considérables à Kars, Ardahan et Batoum, faisait observer la frontière par de petits piquets de cavalerie. De plus, les Turcs avaient pris toutes leurs mesures pour soulever contre les Russes la population musulmane, qui, pourvue d'armes à tir rapide ou de fusils à magasin, avait été organisée et enregimentée comme troupe de milice. Toutefois les populations voisines de la frontière, rassurées par la proclamation du grand-duc, mécontentes d'ailleurs et souffrant des vexations du gouvernement turc, accueillirent avec une entière satisfaction les troupes russes qui s'étaient montrées dans le vilayet d'Erzeroum, et acceptèrent sans peine l'administration russe, qu'on organisa, sur l'heure, dans les districts occupés. Quelques sotnias de cavalerie indigène, formées par les Turcs, désertèrent même et passèrent au service de la Russie. Seuls, les habitants du sandjak de Lazistan, dont les mœurs guerrières et le caractère belliqueux étaient bien connus des Russes, accueillirent les troupes russes à coups de fusil, et leurs bandes essayèrent d'inquiéter les troupes du général-lieutenant Oklobjio.

Nous allons retracer maintenant les opérations de chacun des corps russes.

Le gros des forces du corps d'opérations passa la frontière le 12/24 avril, enleva quelques piquets turcs, arriva le 15/27 à Kuruk-Dara, et se concentrait, le 16/28 autour de Zaïm, point situé sur la route qui mène d'Ardahan à Kars. Le même jour, un gros détachement de cavalerie, sous les ordres du général-major prince Tchavtchavadzé, poussait une reconnaissance offensive du côté du sud-ouest de Kars et coupait les communications entre Kars et Erzeroum. Pendant ce temps, Moukhtar-Pacha, commandant en chef l'armée d'Anatolie, sortait de Kars avec huit tabors et se retirait précipitamment sur Erzeroum. Les cavaliers russes le poursuivirent jusqu'au bois de Saganloug.

Le 19 avril/1er mai, toute l'infanterie du corps d'opérations était concentrée à Zaïm ; toute la cavalerie à Vizinkieff. Les troupes russes restèrent immobiles sur ces points jusqu'au 28 avril/10 mai. A ce moment, comme le corps d'Akhaltzikh s'approchait d'Ardahan, on résolut de porter dans cette direction la colonne du général-lieutenant Heymann. On avait employé le laps de temps qui s'était écoulé entre le 9/21 avril et le 28 avril/10 mai à établir des magasins de vivres, à installer l'administration russe dans les districts occupés, à reconnaître les environs de la forteresse de Kars, qu'on se proposait d'assiéger. Les colonnes mobiles du colonel Grabbe et du général-major Loris Mélikoff avaient occupé le 24 avril/6 mai Kaghisman.

Le corps d'Akhaltzikh, sous les ordres du général-lieutenant Devel, était parti d'Akhalkalak le 12/24 avril, se dirigeant sur Ardahan. Bien que sa marche ait été ralentie par le mauvais état des routes et par les montagnes qu'il avait à passer (7.000 pieds de hauteur), l'avant-garde du corps arrivait cependant le 16/28 avril à Oltchek, village situé à 10 verstes d'Ardahan. Le corps entier donnait la main dès le 19 avril/1er mai au gros des forces postées à Zaïm, et reconnaissait le 23 avril/5 mai, la place d'Ardahan.

Le corps d'Erivan quittait Igdir, formé en deux colonnes, occupait le 18/30 avril Baïazid, dont la garnison, forte d'environ 1.700 hommes, se retirait dans les montagnes d'Abda-Dagh, laissant les troupes russes s'installer dans la place et dans la citadelle.

Après un séjour de quelques jours à Baïazid, séjour pendant lequel il installa l'administration russe sur les territoires occupés, le commandant du corps d'Erivan, le général-lieutenant Tergoukassoff, s'engagea sur la grande route d'Erzeroum et occupait Diadine le 26 avril/8 mai.

Le corps du Rion, celui de tous qui allait avoir à surmonter sur sa route des obstacles naturels des plus sérieux, franchit la frontière le 12/24 avril, sur trois colonnes, battit, le 13/25, les troupes turques qui occupaient les hauteurs de Moukha-Estate, s'établit solidement le 14/26 sur cette forte position, commença à ouvir une route, à établir des batteries, à monter les pièces sur les hauteurs et à se préparer pour les opérations ultérieures. Le 29 avril/11 mai, le général-lieutenant Oklobjio, commandant en chef le corps du Rion, fit exécuter une reconnaissance du côté de la Kintricha, et ordonna de s'emparer d'une position avancée située sur les hauteurs de Khoutzoubani. Malgré les obstacles résultant de la nature du terrain, hérissé de hauteurs, formant plusieurs étages de terrasses escarpées couvertes de bois touffus, et défendues par 4.000 hommes de troupes régulières turques et de milice ; malgré l'intervention de la flotte turque, les Russes, formés en deux colonnes, sous les ordres des généraux Denibékoff et Chélemétieff, culbutèrent les Turcs et se rendirent maîtres des hauteurs de Khoutzoubani.

Nous avons dit plus haut qu'afin de donner la main au corps d'Akhaltzikh dans ses opérations contre Ardahan, on avait dirigé de ce côté la colonne du général-lieutenant Heymann. Cette colonne, avec laquelle marchait le commandant en chef du corps expéditionnaire, le général-lieutenant Loris Mélikoff avait quitté le camp de Zaïm le 28 avril/10 mai et opérait sa jonction le 1er/13 mai avec le corps d'Akhaltzikh; 17 bataillons russes, 8 batteries et 4 régiments de cavalerie se trouvaient donc concentrés sous les murs d'Ardahan. La place d'Ardahan, défendue par 12 bataillons de troupes régulières, entourée d'ouvrages défensifs établis d'après les nouvelles idées, possédant une puissante artillerie, richement approvisionnée, paraissait devoir opposer une résistance sérieuse aux troupes russes, qui s'attendaient à se voir réduites à en faire le siége en règle. La ville même est située dans un fond commandé par les hauteurs environnantes, dont la plus importante de toutes est celle du Géliaverdi; elle était fortement occupée par les Turcs, qui y avaient élevé deux ouvrages reliés entre eux par des lignes de communication. Ces hauteurs s'élevant à bonne portée du canon de la place, il importait avant tout de s'en emparer, afin de pouvoir battre de là les ouvrages du corps de place et agir sur le moral des défenseurs.

La colonne du général-lieutenant Heymann reçut l'ordre d'établir, dans la nuit du 4/16 mai, des batteries au sud de la place et d'ouvrir le feu dès l'aube du jour, en dirigeant plus particulièrement le tir sur les hauteurs de Géliaverdi. La colonne du général Devel devait, lorsque l'artillerie aurait suffisamment canonné ces hauteurs, les attaquer et s'en emparer. Les ordres du général en chef furent exécutés à la lettre. Les troupes du général Devel enlevèrent les deux ouvrages, s'emparèrent de dix canons et d'une quantité considérable de munitions.

La possession des hauteurs de Géliaverdi permettait aux Russes de battre avantageusement le corps de place et de tenter une attaque de vive force à la faveur du premier symptôme de désordre et de découragement qui se manifesterait dans la place. C'est d'ailleurs ce qui ne tarda pas à se réaliser. Le 5/17 mai au matin, au moment même où l'on commençait le bombardement, on remarqua que l'ennemi faisait reculer une partie de ses troupes et les portait hors de la zone exposée aux coups de l'artillerie russe. Les

Russes profitèrent de ce moment pour donner l'assaut. Le général Heymann fit descendre, sans les montrer à l'ennemi, ses troupes au-dessous des hauteurs de Géliaverdi, attaqua la place du côté de l'est, s'empara des remparts et pénétra dans la ville, suivi de près par les troupes postées au sud, pendant que la cavalerie et l'artillerie à cheval menaçaient de couper les lignes de retraite de l'ennemi. Celui-ci se hâta d'abandonner la place et se retira précipitamment sur Erzeroum; 92 pièces de canon, une grande quantité de projectiles et d'approvisionnements, restèrent entre les mains des vainqueurs, qui laissèrent dans la place un petit corps commandé par le colonel Komaroff, et auquel on donna le nom de détachement d'Ardahan. Le reste des troupes russes quitta Ardahan pour rejoindre le gros des forces devant Kars.

Après la prise d'Ardahan, tous les efforts des Russes se portèrent contre Kars et contre l'armée de Moukhtar-Pacha, posté à Saganloug,

Pendant que le général en chef et la colonne du général Heymann opéraient du côté d'Ardahan, les troupes sous les ordres du général Komaroff, qu'on avait laissées devant Kars, avaient reconnu avec soin le 4/16 mai les forts du nord et de l'est de Kars, et forcé les troupes qui étaient sorties de la place à se réfugier jusque sous le canon des forts. Les Russes purent, dans cette reconnaissance offensive, conserver jusqu'au soir les positions qu'ils avaient occupées, ce qui leur permit, d'une part, de se procurer des renseignements précis sur la force de la garnison et la nature des ouvrages, et de l'autre, de détourner l'attention des Turcs des événements qui se passaient du côté d'Ardahan. Le 8/20 mai, les troupes restées en observation devant Kars exécutèrent une autre reconnaissance, mais, cette fois, sur les deux rives du Kars-Tchaï, dans le but de reconnaître en détail les hauteurs de Tchakh-Makh.

Dès que les troupes qui avaient enlevé Ardahan furent

arrivées à Zaïm le 12/24 mai, on s'occupa aussitôt de prendre toute une série de mesures tendant à hâter l'arrivée devant Kars de l'artillerie de siége. Pendant ce temps, afin de pouvoir efficacement investir la place et résister aux troupes turques qu'on s'attendait à voir paraître du côté de Saganloug, on divisa l'armée russe en deux parties : les troupes du général Devel furent postées du côté de Matzri, à 15 verstes et au nord-est de la place, tandis que la colonne du général Heymann s'établirait à Adrost, à la même distance, mais au sud de la place. Ces deux corps prenaient position le 23 mai/4 juin. Pendant ce temps on avait été prévenu, le 17/29 mai, que des cavaliers ennemis s'étaient montrés à Bégli-Akhmet, situé à peu de distance d'Adrost. Ces cavaliers faisaient partie d'un gros parti de cavalerie qui, sous les ordres d'un montagnard du Caucase, Moussa-Pacha, formaient l'avant-garde des troupes turques qui avaient quitté Saganloug pour se porter en avant. La cavalerie russe, prévenue à temps de l'approche de l'ennemi, réussit à surprendre les Turcs au bivac, à les attaquer de trois côtés à la fois, à les sabrer et à s'emparer de deux canons, de quelques caissons de munitions et d'un nombre assez considérable d'armes.

Pour ce qui est des opérations proprement dites dirigées contre Kars, on avait, dans le principe, résolu d'attendre l'arrivée de l'artillerie de siége, qui, d'après les prévisions, pouvait être rendue sur les lieux le 31 mai/12 juin, d'ouvrir le feu avec les 150 pièces de siége qu'on aurait établies derrière des épaulements provisoires, et de donner ensuite l'assaut. Mais on ne tarda pas à modifier ce plan. Le 5/17 juin on décida de faire partir la colonne du général Heymann, de la faire opérer du côté de Saganloug, afin de détourner l'attention de l'ennemi et de venir en aide au corps d'Erivan, qui avait à lutter contre des forces supérieures, et de commencer devant Kars le bombardement des trois forts d'Arab, de Karadagh et de Moukhlis.

Les troupes de la colonne du général-lieutenant Devel furent par suite occupées, du 4 au 8/16-20 juin, à construire dix batteries, qu'on arma presque exclusivement avec des pièces de 24 livres, et qui ouvrirent successivement leur feu, à mesure de leur achèvement et de l'arrivée sur place des pièces destinées à les armer. Le nombre de ces batteries s'augmenta dans la suite; une partie d'entre elles fut même rapprochée de la place, tandis qu'on établit un certain nombre de pièces de campagne dans des batteries disposées obliquement, de manière à gêner les sorties de la garnison. Il faut toutefois signaler pendant le laps de temps qui s'écoula du 5/17 au 26 juin/8 juillet, laps de temps presque exclusivement consacré au bombardement de la place, l'attaque dirigée par les Russes contre une batterie élevée par les Turcs, et disposée de manière à enfiler une partie des travaux d'attaque. Le 21 juin/3 juillet, les artilleurs du parc de siége, soutenus par une compagnie d'infanterie et une sotnia de cavalerie, attaquèrent, vers les trois heures de l'après-midi, la batterie turque, culbutèrent, malgré une pluie de balles et de projectiles, les soutiens de cette batterie, et réussirent à enclouer les canons. De son côté la garnison de Kars avait tenté plusieurs sorties, parmi lesquelles il convient de citer celle du 4/16 qui fut exécutée du côté d'Aravartan et dirigée contre la colonne du général Heymann. Les Turcs furent repoussés d'abord par les bataillons d'infanterie, puis sabrés et mis en déroute par les charges impétueuses des dragons de Siéver.

Nous avons dit plus haut qu'on s'était résolu à faire partir, le 5/17 juin, la colonne du général Heymann dans la direction de Saganloug, afin d'attirer sur elle l'attention de l'ennemi et de l'empêcher de s'occuper du corps d'Erivan, que l'on savait aux prises, aux environs du défilé de Kara-Derbent, avec un ennemi très-supérieur en nombre.

Le général-lieutenant Tergoukassoff, après avoir occupé

Bajazid le 18/30 avril et installé l'administration russe dans le pays, se dirigea le 26 avril/8 mai, en suivant la grande route d'Erzeroum, sur Diadine, et se concentra le 2/14 mai près de Sourb-Oganess, à 54 verstes à l'ouest de Bajazid.

Pendant ce temps, le général Tergoukassoff, renseigné sur les projets de l'ennemi, qui s'était concentré aux environs de Van, dans le but de tenter une surprise et un coup de main sur Bajazid, donna l'ordre de pousser de ce côté deux reconnaissances, l'une qui fut faite le 28 avril/10 mai, sous les ordres du colonel Philipoff, l'autre le 7/19, sous la direction du colonel prince Amilokvaroff. Ces deux reconnaissances rapportèrent au général des renseignements d'une naure tout à fait rassurante. C'est alors que le chef du corps d'Erivan, préoccupé de l'idée de poursuivre son mouvement en avant, en suivant la grande route d'Erzeroum, ordonna le 14/26 mai d'envoyer une reconnaissance dans la direction de Kara-Kilissa et d'Alaschker. On acquit de la sorte la conviction que les Turcs avaient réuni des forces assez considérables dans le camp retranché de Kara-Kilissa et avaient envoyé des détachements à Alaschker et à Az-Khan.

Pendant ce temps, et afin de faciliter les mouvements offensifs ultérieurs, on procédait d'une part à l'ouverture et à l'établissement d'une route menant à Kara-Kilissa, de l'autre, à l'installation à Sourb-Oganesse d'une base où l'on constituait des hôpitaux et des magasins de vivres. Dès que ces derniers préparatifs furent achevés, le général lieutenant Tergoukassoff se mit en route et se dirigea sur Kara-Kilissa, s'empara le 23 mai/4 juin, sans tirer même un coup de fusil, du camp retranché que les Turcs avaient créé sur ce point. Le 28 mai/9 juin, cet officier général arrivait jusqu'à Alaschkert, et poussait son avant-garde jusqu'à Zéidekiane. Partout sur la route qu'il avait parcourue, le général Tergoukassoff, depuis Sourb-Oganesse jusqu'à Alaschkert reçut de nombreuses protestations de soumission et de dévouement, et installa séance tenante l'administration russe dans toutes les localités qu'il traversa.

Le général Tergoukassoff avait reçu, par dépêche télégraphique en date du 30 mai/11 juin, l'ordre de tenter des démonstrations énergiques contre le village de Déli-Baba et les troupes ennemies postées à Saganloug. On voulait de la sorte empêcher les Turcs, au moment même où l'on se proposait de commencer le bombardement de Kars, d'envoyer des troupes au secours de cette place. Le général Tergoukassoff quitta par suite Zéidékiane le 2/14 juin pour se porter sur les monts de Dram-Dagh, et attaqua, le 4/16, les troupes turques qui défendaient ces hauteurs. 10 à 14 bataillons turcs occupaient les sommets escarpés et rocheux du Dram-Dagh. Malgré les avantages considérables que la configuration du terrain assurait à la défense, le faible corps du général Tergoukassoff, fort seulement de 6 bataillons, 4 batteries et 4 régiments de cavalerie, qui avait attaqué la position turque le 4/16 juin, à l'aube du jour, était maître des hauteurs vers midi, et lançait sa cavalerie à la poursuite de l'ennemi qui se retirait, et n'échappa à une destruction complète que grâce à la nature du terrain, qui ralentissait forcément la poursuite de la cavalerie, et grâce à l'arrivée de troupes fraîches venues en toute hâte de Déli-Baba.

Après avoir battu les Turcs à Dram-Dagh, le général Tergoukassoff, afin de pouvoir exécuter les ordres qu'il avait reçus du quartier général, et continuer son mouvement sur Déli-Baba, prit position à Daïar, sur les bords de la rivière Abisgar. Le général envoyait tous les jours des reconnaissances et des découvertes, afin de se renseigner plus complétement sur la force et la position de l'ennemi. Le 9/21 juin, l'une des reconnaissances signala la marche offensive d'un gros corps ennemi fort de 20 bataillons, 12 bouches à feu et 4.500 cavaliers. Le petit corps russe se prépara aussitôt à le combattre, attendit l'attaque des Turcs sur une position préparée à l'avance, et après dix heures, d'un combat acharné repoussa l'ennemi sur toute la ligne. Après ce combat, afin de faciliter les opérations entreprises par la colonne du général Heymann, et bien qu'il manquât de cartouches et de munitions, le général-lieutenant Tergoukassoff resta encore six jours à Daïar. Ce ne fut que le 14/26 juin, après avoir reçu du général en chef, une dépêche lui faisant connaître le résultat du combat de Zivine, et mettant fin aux opérations que le corps était chargé d'entreprendre du côté de Saganloug, que le général Tergoukassoff commença à se retirer sur Baïazid, qu'on disait à ce moment très-menacé par l'ennemi.

Voyons maintenant ce que faisait pendant ce temps la colonne du général Heymann. Le 9/21 juin, le jour même du combat de Daïar, la colonne du général-lieutenant Heymann, avec laquelle marchait le général en chef, quittait Aravartana, occupait Sari-Kamisch le 11/23 et se concentrait le 12/24 à Méliduza. On n'avait à ce moment aucune nouvelle précise du détachement d'Erivan; on savait cependant, mais vaguement, qu'il se trouvait dans une position assez critique sur les monts de Dram-Dagh. D'autre part l'ennemi occupait en force une position retranchée à Zivine, point d'où il lui était facile d'envoyer des renforts à la place de Kars. Comme pour opérer sa jonction avec le détachement d'Erivan, la colonne du général Heymann aurait été forcée d'exécuter des marches des plus difficiles en passant par Arkas, et aurait pu être prise entre deux feux par l'ennemi posté à Zivine et du côté de Dram-Dagh, on se décida, afin de détourner l'attention de l'ennemi, et après avoir reçu le 12/24 des nouvelles précises du détachement d'Erivan, à attaquer le 13/25 juin la position de Zivine. La position turque, défendue par un corps d'armée composé de 20 bataillons d'infanterie, de 2 régiments de cavalerie et de 18 bouches à feu, sous les ordres d'Ismaïl-Pacha, s'étendait le long du Zivine-Tchaï, sur les crêtes de hauteurs escarpées, presque inaccessibles, formant une gorge au fond de laquelle coule le Zivine-Tchaï. Cette position, naturellement très-forte, avait été hérissée par les Turcs d'une série d'ouvrages défensifs de tout genre, de batteries, de tranchées, et était défendue par un ennemi bien armé et amplement approvisionné, Le général Heymann, qui ne disposait que de 15 bataillons, 40 bouches à feu, 8 escadrons et 34 sotnias, forma ses troupes en trois colonnes et, afin de tirer parti de la supériorité numérique de sa cavalerie, il en détacha une partie avec son artillerie à cheval pour tourner l'aile droite des Turcs et chercher à les prendre de flanc pendant que lui-même les attaquerait de front.

Après avoir préparé leur attaque par le feu, les troupes russes se portèrent en avant, traversèrent le défilé de Zivine, escaladèrent les rochers escarpés de la rive opposée du Zivine-Tchaï, chassèrent les Turcs de leurs positions avancées, mais ne purent, faute de réserves, réussir à porter un coup décisif à l'ennemi. Le mouvement tournant de la cavalerie, sur lequel on comptait pour décider le sort de la journée, échoua également. Retardée dans sa marche par les difficultés qu'elle rencontrait à chaque pas, la cavalerie russe n'arriva que le soir à hauteur du flanc des Turcs et ne put se déployer. Enfin, la nouvelle de l'approche et de l'arrivée imminente de renforts envoyés aux Turcs décida les généraux russes à se retirer et à se reporter sur leurs anciennes positions.

Le combat de Zivine avait du moins servi à détourner l'attention de l'ennemi, qui s'était jusqu'alors portée exclusivement sur la colonne du général Tergoukassoff; il avait démontré de plus que, grâce aux renforts qui lui étaient parvenus par la voie de mer, l'armée de Moukhtar-Pacha atteignait un effectif d'au moins 60 bataillons. Aussi, dès que l'on eut reçu l'avis par lequel le général Tergoukassoff faisait savoir qu'il commencerait à battre en retraite le 15/27 juin, se décida-t-on à ramener en arrière la colonne du général Heymann, et le 25 juin/7 juillet cette colonne se réunissait, à Matzra, aux autres troupes de l'armée d'opérations.

Le mouvement rétrograde du général Heymann allait permettre à Moukhtar-Pacha de quitter Saganloug et de s'approcher de Kars. En présence de l'énorme disproportion des forces, on résolut donc de cesser toute opération devant cette place et d'aller occuper plus en arrière des positions qui permettraient aux troupes russes de couvrir les frontières et d'attendre l'arrivée des renforts. Le 28 juin/10 juillet toutes les pièces qui armaient les batteries de siége devant Kars étaient mises en route.

Afin de compléter le récit des opérations entreprises du côté de Saganloug, il faut encore dire quelques mots du détachement d'Erivan.

Informé du résultat du combat de Zivine et connaissant la position critique dans laquelle se trouvait la garnison de Bajazid, serrée de près et assiégée par les troupes turques et des hordes de Kurdes, le général-lieutenant Tergoukassoff commença son mouvement de retraite le 14/26 juin. Son détachement emmenait avec lui plus de 600 blessés. Bien qu'il fût retardé dans sa marche par un convoi énorme qui précédait la colonne, bien que près de 2.800 familles habitant la plaine d'Alaschkert et fuyant devant les Turcs se fussent jointes au petit corps expéditionnaire pour aller transporter leurs pénates en territoire russe, le détachement d'Erivan, malgré les conditions défavorables dans lesquelles il se trouvait, se retirant pas à pas et maintenant constamment à distance respectueuse les Turcs qui le suivaient dans sa retraite, arriva sans encombre le 20 juin/2 juillet à Sourb-Oganesse et atteignit le 22 juin/4 juillet le défilé de Karavan-Saraï. Le général Tergoukassoff, désirant secourir au plus vite la garnison de Bajazid, compléta à la hâte ses approvisionnements en munitions à Igdir, forma le 26 juin/8 juillet un détachement fort de 8 bataillons, 24 bouches à feu, 19 escadrons et sotnias, et se mit immédiatement en route, se dirigeant sur Bajazid. Arrivé le 28 juin/10 juillet en vue de la place héroïquement défendue depuis 23 jours par une poignée d'hommes contre les Kurdes et les troupes turques venues de Van qui l'investissaient complétement, le général Tergoukassoff forma son détachement en deux colonnes, dirigea l'une de ces colonnes sur la place même, tandis que l'autre s'avançait sur la route de Diadine, où l'on avait signalé l'apparition de troupes ennemies, et prit aussitôt l'offensive. Favorisées par la configuration du terrain, puissamment aidées par l'action énergique de l'artillerie et par le feu violent de la garnison réfugiée dans la citadelle, les troupes du général Tergoukassoff, s'avançant pas à pas, débordant les positions ennemies, se précipitèrent dans la ville, en chassèrent les Turcs, s'emparèrent de quelques canons ainsi que de tout le camp turc, et mirent en fuite le corps de siége. Le lendemain les troupes russes victorieuses quittaient Bajazid, que les Turcs avaient ruiné et détruit de fond en comble, et rentraient à Igdir.

Opérations du corps du Rion et d'Ardahan.

Nous nous sommes occupés jusqu'ici du gros des forces et du corps d'Erivan, il est temps maintenant de voir ce qu'avaient fait les corps du Rion et d'Ardahan.

Le corps du Rion, après avoir enlevé, le 29 avril/11 juin, les hauteurs de Koutzou-bani, s'occupa tout d'abord d'augmenter la valeur défensive de cette position et d'ouvrir des communications entre ce point et Moukha-Estate, où se trouvait encore le gros du détachement. En même temps, afin de protéger les lignes de communication contre les tentatives des montagnards, auxquels les Turcs se hâtaient de distribuer des fusils à tir rapide, afin d'isoler ces montagnards, de les empêcher de correspondre avec les Turcs et de s'approcher de Tzikhisdziri, on résolut d'occuper les hauteurs de Sameba en avant de Koutzou-bani. A cet effet on forma le 16/28 mai deux colonnes qui, s'approchant de l'ennemi sans se montrer, le chassèrent des hauteurs et s'y retranchèrent aussitôt. Dès que ces hauteurs furent enlevées, les montagnards parurent, se rallièrent immédiatement aux Russes, et vinrent en foule apporter au camp russe les armes à tir rapide qu'on leur avait distribuées, si bien que l'on put croire un moment qu'il serait assez facile de désarmer toute la population indigène. Mais les choses prirent tout à coup une autre tournure, à partir du 20 mai/1er juin. Excités par les Turcs, les montagnards se réunirent et commencèrent à menacer les villages qui s'étaient soumis aux Russes. Afin de protéger les populations, on forma aussitôt plusieurs colonnes qui, après avoir dispersé les montagnards les 20 et 21 mai/1er et 2 juin, rétablirent partout l'ordre et la tranquillité.

Les troupes du corps du Rion restèrent sur leurs positions jusqu'au 11/23 juin. On poussa alors une forte reconnaissance offensive du côté des positions turques de Tzikhisdziri, afin de se rendre un compte exact des forces de l'ennemi, de la nature des ouvrages qu'il avait élevés, et des chances de succès que pourrait avoir un mouvement en avant dans la direction de Batoum. Le 11/23 juin au matin, après que l'on eut établi et armé quelques batteries sur les hauteurs de Sameba, les troupes désignées pour exécuter la reconnaissance se mirent en route formées en deux colonnes. Après un combat acharné de quatorze heures, combat livré sous un soleil de plomb, dans des terrains presque inaccessibles, elles enlevèrent une partie des positions ennemies et obligèrent les Turcs à déployer et à montrer toutes les forces.

La reconnaissance du 11/23 juin avait servi à démontrer que le camp retranché de Tzikhisdziri était défendu par plus de 30.000 hommes. On avait de plus acquis la conviction que, vu l'absence de toute route carrossable, il était peu aisé d'enlever cette position. Aussi le 12/24 juin au matin, et en raison même de la faiblesse du corps du Rion, on se décida à évacuer les positions qu'on occupait et l'on se contenta de s'établir solidement à Monkha-Estate. On réussisait de la sorte, en postant une forte réserve dans la vallée du Rion, à couvrir complétement le pays du côté de la mer et du côté du détachement de Soukhoum-Kalé, et l'on s'assurait de plus la possibilité de reprendre l'offensive dès que la situation générale des choses se serait améliorée.

Conformément aux ordres qu'elles avaient reçus, les troupes russes se retirèrent le 12/24 juin sur les hauteurs de Saméba. On avait alors l'intention de se concentrer définitivement sur la position de Moukha-Estate. Mais à ce moment même les Turcs prirent à leur tour l'offensive. De grosses masses de troupes ennemies descendirent des hauteurs et, profitant des bois épais qui cachaient leur marche, les Turcs attaquèrent à l'improviste les positions russes et tournèrent principalement leurs efforts contre le centre de la position. Conduits par Dervisch-Pacha, commandant le corps de Batoum, les Turcs renouvelèrent leurs attaques jusque fort avant dans la soirée, mais il furent repoussés sur toute la ligne et obligés de se retirer après avoir éprouvé des pertes sensibles.

Quelques jours plus tard, les troupes du corps du Rion quittaient les positions de Saméba et de Khoutzoubani, se concentraient le 18/30 juin à Moukha-Estate, où elles restèrent jusqu'au 18/30 novembre. A ce moment, Dervisch-Pacha, qui avait appris la chute de Kars et que l'on avait informé de la position critique dans laquelle se trouvait Erzeroum, abandonna tout à coup la position de Khoutzoubani, en y laissant quelques faibles détachements. Les troupes russes enlevèrent aussitôt la position et le camp des Turcs.

Pendant le temps qui s'écoula depuis juillet jusqu'à septembre, les Turcs avaient essayé à deux reprises de surprendre les Russes postés à Moukha-Estate. Le 1er/13 août, ils attaquèrent les petits postes avancés des Russes et renouvelèrent cette attaque le 12/24 août.

Les troupes du détachement d'Ardahan, qui avait été formé au moment où l'on dirigeait sur Kars la plus grande partie des forces qui avaient coopéré à la prise d'Ardahan et qui était placé sous les ordres du colonel Komaroff, rétablirent tout d'abord l'ordre et la tranquillité dans les environs, dirigèrent sur Akhalkalaki la plus grande partie des prises faites par les Russes, firent une reconnaissance du côté de Péniak et d'Olti le 20 mai/1er juin, s'emparèrent sur ces deux points d'une grande quantité de vivres et de munitions, et poursuivirent l'arrière-garde turque, qui abandonnait ces deux villes. Rentrées à Ardahan, ces troupes furent chargées d'un rôle purement passif et employées au désarmement des forts et au démantèlement de la place. Le 16/28 juin elles entreprirent toutefois une reconnaissance dans la direction d'Ardanoutcha, se heurtèrent contre 3.000 Turcs établis sur une forte position, les battirent et s'emparèrent de leur camp. Le détachement d'Ardahan continua à remplir ce rôle jusque vers la mi-juillet, protégeant les frontières russes, purgeant le pays des bandes qui l'infestaient, et couvrant les lignes de communication de l'armée. A ce moment, la plus grande partie des troupes du détachement furent appelées à prendre part aux opérations du siége de Kars.

Dès que les troupes russes eurent levé le siége de Kars, le 26 juin/8 juillet, l'armée turque d'Anatolie, sous les ordres de Moukhtar-Pacha, accentua aussitôt son mouvemen offensif et se divisa à cet effet en deux colonnes. L'une, sous les ordres de Moukhtar-Pacha en personne, et forte de 40 bataillons, dépassa Kars et occupa, le 10/22 juillet, une position retranchée sur le versant nord de l'Aladja, entre Vizinkieff et Kerkhana, tandis que l'autre, conduite par Ismaïl-Pacha et composée de 40 bataillons avec 55 bouches à feu, devait opérer contre le général-lieutenant Tergoukassoff, posté à Igdir. Ismaïl-Pacha, qui avait laissé le gros de ses forces de l'autre côté des montagnes, pénétra avec son avant-garde sur le territoire russe; mais son mouvement offensif fut arrêté le 24 juillet/5 août, près du village de Khalfale, par les troupes de première ligne du général Tergoukassoff.

Pendant les mois de juillet et d'août, et pendant la première moitié du mois de septembre, le gros des forces russes postées à Kuruk-Dara et qui couvraient la frontière du Caucase, dut se borner, en attendant l'arrivée des renforts annoncés, à observer et à surveiller les mouvements de l'ennemi, à exécuter des reconnaissances afin de se renseigner sur sa position et ses forces, à tenter quelques coups de main.

C'est ainsi qu'on fit reconnaître le 13/25 juillet une partie des positions ennemies du côté de Kerkhana, et que le 14/26 on fouilla le terrain en arrière des positions des Turcs, du côté d'Ani. Le 16/28 on exécuta une grosse reconnaissance sur l'aile gauche des Turcs, entre Grande-Jagnia et Petite-Jagnia. Le même jour on reconnaissait également leur aile droite et le cours de l'Elerpa-Tchaï. Le 27 juillet/8 août le régiment de Grousie (Géorgie), avec une batterie, s'avançant jusqu'à Hadji-Wali, reconnaissait les positions du centre, et le 29 juillet/10 août on se dirigeait sur Taïnalikha.

Le 6/18 août on dessina une démonstration assez importante contre le centre de la position de l'aile droite, postée sur l'Aladja, afin d'empêcher Moukhtar-Pacha d'envoyer des renforts à Ismaïl-Pacha, que le général Tergoukassoff se disposait à attaquer vigoureusement. Les troupes désignées pour exécuter cette reconnaissance furent formées en trois colonnes. Mais c'était la colonne de gauche, sous les ordres du général-lieutenant Devel, qui, dirigée contre l'aile droite de l'ennemi, devait avoir à jouer le rôle principal pendant l'opération. Les autres colonnes, sous les ordres du général Heymann et du colonel Komaroff, n'étaient appelées qu'à occuper l'ennemi au centre et sur sa gauche. Les Turcs, canonnés violemment et inquiets des mouvements des Russes, déployèrent leurs réserves sur leurs positions mêmes de première ligne. Les Russes avaient atteint leur but en obligeant les Turcs à leur montrer et les forces dont ils disposaient et les positions qu'ils avaient préparées, et rentrèrent à Kuruk-Dara. Pendant cette retraite, qui s'effectua dans l'ordre le plus parfait, la colonne du colonel Komaroff, qui opérait du côté de la Grande-Jagnia, eut à soutenir un combat des plus acharnés.

En exécutant cette démonstration, les Russes avaient eu primitivement l'intention de s'emparer de la hauteur d'Ipakh-Tepessi, qui s'élevait sur le flanc droit des positions turques, de s'y établir solidement et de se procurer de la sorte un point d'appui pour leurs mouvements offensifs ultérieurs; mais l'examen du terrain les obligea à renoncer à cette entreprise.

Le 8/20 août, une partie de la cavalerie, sous les ordres du général prince Tchavtchavadzé, exécuta une nouvelle reconnaissance des positions du centre turc, tailla en pièces un gros parti de cavalerie régulière ennemie qu'il avait surpris, et détermina d'une manière précise les positions occupées par Moukhtar-Pacha sur le mont Avliar.

Le 13/25 août, Moukhtar-Pacha, sachant par ses espions que les Russes avaient détaché du gros des forces assez considérables pour renforcer le général Tergoukassoff, et pensant ne trouver devant lui, du moins sur les positions avancées, que de faibles détachements, attaqua vigoureusement l'avant-garde russe, tourna principalement ses efforts contre la hauteur de Kizil-Tapa, que les Russes occupaient depuis le 6/18 juillet, et chercha en même temps à déborder et à tourner la droite des positions avancées. Les Russes, en réalité, n'avaient envoyé au secours du détachement d'Erivan que la colonne du général Devel, forte de 7 bataillons et demi, 12 bouches à feu et 4 sotnias. Cette colonne, qui se trouvait alors à environ une journée de marche du gros, reçut à ce moment l'ordre de revenir sur ses pas; mais on n'eut pas besoin de son concours pour repousser l'attaque des Turcs, qui réussirent néanmoins à reprendre la hauteur de Kizil-Tapa.

Le 1er/13 septembre, le général-major Loris Melikoff reconnut le flanc droit de la position d'Aladja. Parti de nuit avec 3 bataillons, 11 escadrons et sotnias et 12 bouches à feu, il arriva à l'aube du jour sur les premiers contre-forts de l'Aladja, reconnut une partie de la route qui menait sur les derrières de l'armée turque, inquiéta les Turcs, jeta l'alarme dans leur camp et se retira sur la position principale.

Dès que les renforts furent arrivés, et parmi ces renforts se trouvait la 1re division de grenadiers, l'armée d'opération reprit l'offensive.

Le 20 septembre/2 octobre, les Russes attaquèrent les hauteurs fortifiées qui s'élevaient à l'aile gauche de la position occupée par Moukhtar-Pacha, la Grande et la Petite Jagnia. Après un combat de deux heures, ils réussirent à prendre pied sur la Grande-Jagnia, culbutèrent les troupes qui défendaient cette position et leur firent un grand nombre de prisonniers. Quant à la Petite-Jagnia, on reconnut bientôt que cette position était si parfaitement retranchée qu'il était plus sage de ne l'attaquer que plus tard. Le lendemain les Turcs attaquèrent à leur tour l'aile gauche russe; mais ils furent repoussés et poursuivis jusqu'à peu de distance de leur première ligne de défense. Malgré ce succès, l'aile droite russe évacua le lendemain 22 septembre/4 octobre les hauteurs qu'elle avait enlevées deux jours auparavant.

Toutes ces opérations des Russes, qui, en somme, se réduisaient à de simples démonstrations, avaient pour but de familiariser leurs troupes avec le terrain. Grâce à ces opérations, on put reconnaître de plus que l'extension même du front occupé par les Turcs, et que l'absence de toute voie de communication entre leurs ailes, fort éloignées d'ailleurs l'une de l'autre, permettaient de tourner la position ennemie et de porter à l'armée de Moukhtar-Pacha un coup décisif, que les généraux russes avaient longuement préparé.

Le 27 septembre/9 octobre, Moukhtar-Pacha reporta ses troupes en arrière, sur les positions de l'Aladja et abandonna la hauteur de Kizil-Tapa. Les troupes russes, formées parallèlement à lui, appuyèrent leur aile droite à la Grande-Jagnia, et leurs lignes passant par Soubotan et Wadji-Hali, s'étendirent jusqu'à Kulvérane et Kizil-Tapa. Afin de faciliter leur tâche à ces troupes, qui fortes de 41 bataillons, 176 bouches à feu et 43 escadrons, allaient occuper l'ennemi sur son front, on crut devoir confier à une colonne composée de 23 bataillons, 78 bouches à feu et 28 escadrons, sous les ordres du général-lieutenant Lazareff, la mission de tourner l'ennemi. Cette colonne, qui s'était mise en route dans la nuit du 28 septembre/10 octobre, réussit complétement à tourner l'ennemi par sa droite, déboucha sur ses derrières, et s'empara le 2/14 octobre, après un combat assez vif, des principales positions qui se trouvaient sur sa ligne de retraite. Instruit des succès remportés par la colonne du général Lazareff, le grand-duc commandant en chef l'armée du Caucase ordonna, le 3/15 octobre, un mouvement général en avant, et chargea la colonne du général Heymann de porter un coup décisif à l'ennemi en attaquant vigoureusement son centre, le mont Avliar. Pendant ce temps, la colonne du général Roop avait ordre d'attaquer les hauteurs d'Aladja. D'autre part, le général Lazareff recevait l'ordre d'agir sur les derrières de l'ennemi, en réglant ses opérations sur la marche générale du combat.

Le 3/15 octobre au matin, le général Heymann, après avoir fait canonner l'ennemi par 64 bouches à feu, porta ses troupes en avant et enleva le mont Avliar. La journée était dès lors décidée. Le centre des Turcs était en effet complétement enfoncé et les troupes du général Heymann purent aussitôt opérer leur jonction avec celles du général Lazareff. Le général Roop n'avait pas été moins heureux : après avoir enlevé les hauteurs, il avait continué à pousser l'ennemi et à le poursuivre vigoureusement. L'armée de Moukhtar-Pacha, complétement défaite, fuyait dans toutes les directions, et ce qui restait de 3 divisions turques dut se rendre aux Russes. La perte des positions d'Aladja obligea Moukhtar-Pacha à chercher, avec les débris de ses troupes, son salut dans la fuite et à aller se renfermer dans Erzeroum. D'autre part, cette victoire força Ismaïl-Pacha à se retirer en toute hâte, et de plus influa d'une manière des plus sensibles sur l'esprit et les dispositions des populations musulmanes.

Après avoir défait l'armée de Moukhtar-Pacha à Aladja, le corps expéditionnaire russe tout entier, à l'exception du détachement du général Heymann, chargé de s'attacher aux pas de l'armée ennemie et de la poursuivre chaudement, vint investir Kars. Le corps de siége, sous les ordres du général-lieutenant Lazareff, se composait de 35 bataillons, 49 escadrons et sotnias et 138 bouches à feu; mais il ne tarda pas à être renforcé par l'arrivée de 6 bataillons, 8 bouches à feu et 5 sotnias venus d'Ardahan.

Le quartier général russe s'installa au village de Bolchaïa-Tikma. Dans le principe, et en attendant l'arrivée du parc de siége, on se contenta de resserrer graduellement l'investissement, d'exécuter des reconnaissances, de tenter des coups de main pendant la nuit. Toutes ces opérations tendaient à familiariser les troupes avec le terrain, et l'on cherchait de plus à se procurer de la sorte des renseignements exacts sur la position des ouvrages ennemis et sur la force de la garnison. On arriva ainsi à reconnaître, qu'en raison de l'immense quantité d'approvisionnements et de munitions de toutes sortes accumulés dans la place, on aurait la plus grande difficulté de s'en rendre maître en l'investissant ou en en faisant le siége en règle. D'autre part, afin de pouvoir pousser vigoureusement les opérations, il était absolument indispensable de s'emparer au plus vite de Kars. On résolut donc de bombarder la place et la ville, puis dans le cas où le bombardement ne produirait pas les résultats désirés, de chercher à s'emparer de la ville de vive force.

Le 23 octobre/4 novembre, 48 pièces de siége avaient rejoint le corps de siége ; on procéda de suite à l'établissement de batteries qui devaient battre la ville, le fort de Kara-Dagh et toute la ligne des forts du sud-est, forts de Khafis, de Kanli, de Souvari. C'est alors que se produisit un épisode qui vint, d'une part, témoigner de l'énergie que la garnison comptait déployer dans la défense, de l'autre, démontrer la possibilité de réussir à s'emparer de la place de vive force.

Le 24 octobre/5 novembre, une partie des troupes russes envoyées pour participer aux travaux de construction des batteries, fut attaquée par des forces ennemies sorties des forts du sud-est. L'attaque des Turcs fut repoussée sur toute la ligne, mais 2 bataillons du régiment de Koutaïs se laissèrent entraîner par l'ardeur de la lutte, pénétrèrent à la suite des Turcs, qu'ils chassaient devant eux, jusque dans le fort de Khafis, culbutèrent à la baïonnette la plus grande partie de la garnison, firent prisonniers 10 officiers et 40 soldats, et rentrèrent dans les lignes russes après avoir éprouvé des pertes relativement peu considérables.

Le bombardement, qui commença le 30 octobre/11 novembre, et qui dura sans interruption pendant dix jours et dix nuits, ne fut pas sans agir d'abord sur le moral des assiégés, qui ne disposaient que d'un nombre insignifiant d'abris casematés. Mais la garnison ne tarda pas à se remettre de cette émotion ; au bout de quelques jours, les Turcs élevèrent de nouvelles batteries sur le front sud-est et se préparèrent à opposer une résistance énergique à l'assaut qu'ils croyaient imminent.

Il devenait donc impossible pour les Russes de tarder davantage à donner l'assaut, et il ne restait plus qu'à en fixer le moment et à déterminer les moyens à employer. A cause des pertes énormes que les feux d'artillerie et d'infanterie auraient fait subir aux colonnes russes pendant un assaut de jour, en raison de l'impossibilité où l'on se trouvait d'occuper par une démonstration la place, qui domine par sa situation tout le terrain environnant, les généraux russes se prononcèrent pour une attaque de nuit, et résolurent de donner l'assaut pendant la nuit du 5/17 au 6/18 novembre.

Quatre colonnes fortes de 21 bataillons et de 4 batteries d'artillerie, sous les ordres du général-lieutenant Lazareff, furent chargées d'attaquer les principaux points d'attaque, les forts de Souvari, de Kanli et de Khaffis. Trois autres colonnes devaient faire des démonstrations du côté des forts du nord et de l'ouest. La cavalerie tout entière était massée sur la grande route d'Erzeroum et chargée de couper la retraite à l'ennemi.

A 2 heures du matin tous les forts du sud-est et une partie de la ville étaient entre les mains des Russes. Sur les autres points, les opérations que les Russes n'avaient entreprises que pour occuper l'attention de l'ennemi, réussirent au delà de ce qu'ils avaient espéré et les colonnes russes enlevèrent d'assaut les forts d'Arab et de Kara-Dagh. A l'aube du jour tous les ouvrages de la rive droite étaient au pouvoir des Russes, et la garnison de Kars cherchait son salut dans une fuite précipitée sur Erzeroum ; mais arrêtée par la cavalerie et par des troupes d'infanterie qui vinrent soutenir les cavaliers, elle fut contrainte à déposer les armes.

303 canons et 17.000 prisonniers restaient entre les mains des vainqueurs.

Pendant ce temps, la colonne du général Heymann, qu'on avait portée dans la direction d'Erzeroum le 10/22 octobre, avait opéré le 16/28 sa jonction à Képri-Kéi avec le détachement du général Tergoukassoff. Cet officier général avait repris l'offensive aussitôt après la défaite des Turcs à Aladja et se portait sur Erzeroum par la grande route, s'attachant aux pas d'Ismaïl-Pacha, qui se retirait en toute hâte sur cette ville. Les Russes occupèrent sans coup férir les positions d'une importance stratégique de premier ordre de Képri-Kéi. La colonne du général Heymann marcha ensuite sur Hassan-Kala, où la cavalerie eut un engagement des plus brillants, puis de là elle se porta jusqu'a Kouroudjouka, à cinq verstes de Débé-Boïn. Le général Heymann, après avoir attiré à lui les troupes du général Tergoukassoff, résolut d'attaquer le 23 octobre/4 novembre les Turcs, qui occupaient une forte position en avant d'Erzeroum, sur les hauteurs de Débé-Boïn. Cette position, occupée par 60 bataillons turcs et 50 bouches à feu, eût été presque imprenable si ses défenseurs n'eussent pas été aussi complétement démoralisés. De plus, en raison même de son étendue, cette position était assez faiblement défendue au centre ; il était en outre possible de la tourner par sa gauche, et un mouvement tournant de ce genre présentait encore l'avantage de permettre à l'assaillant, dès qu'il aurait réussi à prendre pied sur les hauteurs de gauche, de menacer sérieusement les lignes de retraite de l'armée turque. L'effort de l'attaque des Russes se porta donc principalement sur le centre et le flanc gauche de la position. Après une lutte assez vive ils réussirent à se rendre maîtres de ces points et poursuivirent vivement les Turcs, qui grâce à l'obscurité parvinrent à rentrer dans Erzeroum. 43 canons, de nombreuses munitions de guerre, tout le camp des Turcs et 400 prisonniers tombèrent au pouvoir des Russes.

Les troupes du général Heymann investirent peu après Erzeroum et occupèrent des points stratégiques importants au nord-est de la place (défilé de Gisine).

On ne saurait terminer la première partie de ce rapide exposé sans dire quelques mots des opérations de la flotte turque et des troupes de débarquement jetées par les Turcs sur les rives de la mer Noire, du côté du Caucase.

La flotte turque servit principalement à établir et à assurer les communications régulières entre la Turquie d'Asie et la Turquie d'Europe, à effectuer des transports de troupes, d'approvisionnements, de munitions entre les deux parties de l'empire ottoman. On constitua à cet effet des escadres de transports qu'on fit escorter par des cuirassés et qui exécutèrent des voyages réguliers sur la mer Noire. La flotte rendit donc sous ce rapport de véritables services à la Turquie : c'est elle qui dans les moments les plus critiques, et en raison même de la marche des opérations, jeta des troupes sur les points les plus directement menacés. Au Caucase, au contraire, la flotte turque, tout en effectuant le débarquement de quelques troupes, ne put parvenir à donner aux opérations qu'un caractère absolument secondaire, bien qu'il se trouvât cependant sur ces côtes nombre de points importants au point de vue stratégique et dont la prise par l'ennemi aurait pu causer aux Russes de graves dommages ou exercer une influence réelle sur la marche et l'issue des opérations. En réalité, les opérations tentées par les Turcs sur les côtes du Caucase n'eurent aucun caractère sérieux. Les Turcs se contentèrent de bombarder des villages ouverts depuis Poti jusqu'au cap Adler, débarquèrent quelques hommes sur les côtes et en particulier à Soukhoum-Kalé, et poussèrent à la révolte les Abkhases, habitant le bord de la mer. D'un autre côté la flotte turque couvrit de ses projectiles la route qui longe la mer et mène à Batoum et gêna les mouvements des Russes. Quant à la tentative de débarquement effectuée à Soukhoum, elle ne pouvait avoir aucune importance à cause même du petit nombre d'hommes jetés à terre, et qui, en raison même de leur faiblesse numérique ne pouvaient s'éloigner des côtes sans risquer d'être enlevés et pris par les Russes.

Deux jours après la déclaration de guerre, les 14 et 15/26 et 27 avril, la flotte turque commença ses opérations en bombardant le petit poste ou fortin de Saint-Nicolas. Le 23 avril/5 mai, les cuirassés turcs vinrent canonner Poti; le 30 avril/12 mai, c'était le tour du village de Goudaouti, où, après un bombardement de quelques heures, ilsdébarquaient un millier d'émigrés du Caucase. Le 1er/13 mai, ils bombardèrent Otchemtchiri, et le 5/17 mai ils brûlèrent et détruisirent Soukhoum-Kalé.

Les troupes russes, postées le long des côtes, abritées contre le tir des cuirassés, firent échouer les premières tentatives de descente au-dessous de Soukhoum et de Sotcha; mais lorsque la population abkhase se fut soulevée, après que les vaisseaux turcs eurent réduit en cendres la ville de Soukhoum et jeté sur divers points des côtes des montagnards émigrés du Caucase, les troupes du district de Soukhoum se retirèrent sur le village d'Olginsky, puis sur les bords du Kodor. Pendant ce temps, les troupes russes reçurent des renforts et l'on forma aussitôt des colonnes spéciales pour opérer en Abkhasie; celle de Sotcha sous les ordres du colonel Schelkovnikoff, celle d'Ingour sous les ordres du général-major Alkhazoff, et quelques autres. Ces petits corps, s'opposant aux tentatives de descente et empêchant l'insurrection de s'étendre, réussirent à repousser peu à peu les troupes ennemies et à en purger complétement le pays. Le 13/25 juin, le général Alkhazoff eut à livrer un combat assez vif près du poste d'Ileri ; le 15/27 il attaqua à son tour les bandes révoltées à Otchemtchiri et les dispersa. En juillet il se porta sur la rivière Galizgui, puis sur les rives du Kodor ; il se dirigea de là sur Soukhoum, où il devait opérer sa jonction avec la colonne du colonel Chelkovnikoff, parti de Sotcha. Pendant sa marche cette dernière colonne eut un engagement assez chaud avec l'ennemi, près de Gagri, et réussit cependant à exécuter heureusement une marche de nuit sur une route qui, longeant les bords de la mer, était exposée aux feux de la flotte turque, embossée à portée de canon. L'apparition du vapeur russe *le Constantin*, qui se montra tout à coup sur la rade de Gagri et attira sur lui l'attention des cuirassés turcs, contribua puissamment à faciliter le passage de la colonne. Cette colonne prit d'assaut le village et le fortin de Gagri, et attaqua le 11/23 avril la position de Gondaout, défendue par l'infanterie régulière turque avec de l'artillerie et par un millier d'Abkhases. Bien que soutenus par les feux de leur flotte, les Turcs, après un combat acharné, furent chassés de leur position, mis en déroute, obligés de se rembarquer en laissant aux mains des Russes une quantité considérable de vivres et de munitions. Quelques jours plus tard la flotte turque disparaissait des eaux du Caucase. Soukhoum-Kalé était réoccupé par les Russes et la tranquillité ne tardait pas à se rétablir en Abkhasie.

Quelques mouvements insurrectionnels, absolument insignifiants d'ailleurs, s'étaient manifestés chez les Tchetchènes d'abord, puis dans le Daghestan. Quelques colonnes mobiles suffirent pour étouffer ces révoltes, en dépit de la résistance acharnée que les troupes russes rencontrèrent dans certains aouls du Daghestan.

OPÉRATIONS

Depuis la capitulation de Plewna jusqu'à la signature de la paix.

Au moment de la capitulation de Plewna, les troupes russes étaient réparties sur le théâtre de la guerre de la manière suivante :

Armée d'investissement : corps des grenadiers, 4e et 9e corps d'armée, 3e division d'infanterie de la garde, 2e division d'infanterie, corps d'armée roumain, 9e division de cavalerie russe et cavalerie roumaine, autour de Plewna.

Les 1re et 2e divisions d'infanterie de la garde, la 3e division d'infanterie, avec une partie de la cavalerie de la garde, de la brigade de cosaques du Caucase et de la 4e division de cavalerie, occupaient les défilés des Balkans et se trouvaient postées, les unes devant la position retranchée d'Arab-Konak, les autres gardaient les défilés d'Iablonitza, Tétévéni et de Rozalit (1).

Le 8e corps, avec la 24e division d'infanterie et la 4e brigade de tirailleurs, occupait le défilé de Chipka, les passages voisins et observait de plus dans la direction d'Eléna.

Le 11e corps (2), posté sur la route d'Osman-Bazar, servait à relier les corps de Chipka et de Roustchouk.

Enfin, le corps du bas Danube gardait la ligne de Tchernavoda-Kustendjé après avoir obligé l'ennemi à évacuer tout le territoire situé à 76 verstes en avant de cette ligne.

Lorsque l'armée d'Osman-Pacha eut déposé les armes, on se détermina, malgré l'approche imminente de l'hiver, à passer

(1) Le reste de la cavalerie de ces corps se trouvait encore à l'ouest de Plewna, à Berkovetz et Belgradtchyk.

(2) La 26e division avait remplacé, au 11e corps, la 32e division, qui faisait partie de l'armée de Roustchouk.

les Balkans et, dans le cas où cette entreprise réussirait, à pousser énergiquement en avant jusqu'à Andrinople.

Le grand-duc résolut, par suite, de forcer le passage de la chaîne des Balkans sur deux points à la fois, à Chipka et dans le Balkan d'Etropol. La possession du premier de ces passages, que défendait encore une forte armée turque, avait une importance d'autant plus réelle, que c'est par Chipka que passe la route la plus directe aboutissant à Andrinople.

Il était également intéressant et utile pour les Russes d'être maîtres des passages du Balkan d'Etropol. On espérait que les troupes désignées pour forcer le passage du Balkan d'Etropol n'auraient, en dissimulant leur marche, à lutter que contre les obstacles naturels, par cela même que la petite armée de Chakir-Pacha, postée sur la position d'Arab-Konak, avait à observer et à garder une vaste étendue de terrain. De plus, on savait que les Turcs ne croyaient pas à la possibilité d'un passage tenté à travers le Balkan d'Etropol à une époque aussi avancée de l'année, et surtout en raison de l'abondance inaccoutumée, de l'énorme quantité de neige tombée pendant cet hiver. Mais d'autre part, les Russes, s'ils réussissaient à forcer le passage de ce côté, pouvaient en retirer de grands avantages. Ils donnaient complétement la main aux troupes serbes, ils pouvaient occuper Sofia, se porter sur Philippopolis, déboucher de la sorte sur les derrières des forces turques qui gardaient les Balkans et les obliger, par suite, à battre immédiatement en retraite. Toutes ces considérations décidèrent le général en chef à constituer assez fortement le détachement qui, chargé d'opérer dans le Balkan d'Etropol, allait avoir à agir d'une manière complétement indépendante et loin de toute autre troupe pouvant le soutenir en cas de besoin.

Les prévisions du grand-duc firent plus que se réaliser. Le détachement d'Etropol réussit non-seulement à forcer le passage, mais encore à anéantir complétement l'armée turque qui lui était opposée.

En exécution des ordres donnés par le grand-duc, les troupes que la reddition de Plewna rendait complétement disponibles reçurent les destinations suivantes :

La 3e division de la garde et le 9e corps furent attachés à l'armée de l'Ouest, qui, sous les ordres du général aide de camp Gourko, devait forcer les passages du Balkan d'Etropol.

Le 4e corps, avec trois régiments de la 1re division de cavalerie, fut dirigé sur Chipka et rattaché aux troupes sous les ordres du général Radetzky.

Le corps des grenadiers, envoyé à Gabrovo, forma la réserve centrale générale des troupes désignées pour forcer le passage.

La 2e division d'infanterie fut établie à Tirnova pour garder les lignes de communication. Un peu plus tard cette division, ainsi qu'une partie des troupes de la 11e division, fut rattachée au corps du général-lieutenant Zotoff, posté à Tirnova.

L'armée de l'Ouest, celle du général Gourko devait, conformément au plan du grand-duc, se frayer la première un passage à travers les Balkans.

Cette armée devait, après avoir laissé des forces suffisamment considérables devant la position d'Arab-Konak et quelques troupes en face de Zlatitza et de Lutikovo, diriger le gros de ses forces sur Tchouriak, dans la vallée de Sofia, afin de couper les communications entre l'armée de Chakir-Pacha et Sofia, pendant que, pour couvrir ce mouvement et pour détourner l'attention de l'ennemi, deux autres colonnes se porteraient, l'une à droite, sur Oumourgatch, l'autre à gauche d'Etropol, en arrière de Chandornik, et de là dans la vallée de Zlatitza.

Ces différentes colonnes furent composées comme suit : le *gros des forces* (colonne principale), sous les ordres du général-lieutenant Kataléi, comprenait les régiments Préobrajensky et Ismaïloffsky, la brigade des tirailleurs de la garde, la 3e division d'infanterie de la garde et le régiment d'infanterie de Kozloff, 44 bouches à feu avec des attelages excellents, la brigade de cosaques du Caucase et le régiment de dragons d'Astrakan. En tout 31 bataillons, 16 escadrons et sotnias et 44 bouches à feu.

La *colonne de droite*, sous les ordres du général-lieutenant Véliaminoff, se composait des régiments de Penza et de Tamboff, des 1re et 2e brigades de la 1re division de cavalerie de la garde, de 2 batteries d'artillerie à cheval de la garde. En tout 5 bataillons, 16 escadrons et 8 bouches à feu.

La *colonne de gauche*, sous les ordres du général-lieutenant Dandeville, était formée par la 2e brigade de la 3e division d'infanterie, le régiment d'infanterie de Voronége, le régigiment de dragons d'Ekaterinoslaw et 3 divisions d'artillerie. En tout 8 bataillons, 4 escadrons et 12 bouches à feu.

Les forces qu'on laissait devant la position d'Arab-Konak se composaient des troupes des généraux prince d'Oldenburg et comte Schouvaloff II, c'est-à-dire des régiments Sémé-noffsky et Eguersky (chasseurs) de la garde, de la 2e division d'infanterie de la garde, moins le régiment des grenadiers du corps, d'une brigade de la 5e division d'infanterie et des 1re et 2e brigades d'artillerie. En tout 26 bataillons et 52 bouches à feu.

Le *rideau de troupes* posté en face de Zlatitza, sous les ordres du général Brok comprenait le régiment des grenadiers du corps, 6 compagnies du régiment de la Nouvelle-Ingrie, 2 bouches à feu et 2 sotnias de cosaques.

Enfin *le détachement* chargé d'observer Lutikovo, sous les ordres du général major Pokhitonoff, se composait d'une brigade de la 5e division d'infanterie, de la 3e brigade de la 2e division de cavalerie de la garde, de 3 batteries montées et d'une batterie à cheval. En tout 8 bataillons, 8 escadrons et 30 bouches à feu.

Quant aux troupes turques, le gros des forces, 45 tabors, d'après les renseignements parvenus à l'état-major du général Gourko, était massé dans la vallée de Komartzi, et d'autres détachements, dont la force variait entre 6 et 15 tabors, étaient postés à Zlatitza, Lutikovo et Sofia. Les Turcs disposaient de ce côté de 80 tabors en tout.

Les colonnes russes chargées de forcer le passage des Balkans allaient avoir, il importe de le remarquer, non-seulement à réparer et à mettre en état les quelques routes, presque impraticables d'ailleurs, qui existaient dans la montagne, mais encore à en ouvrir de nouvelles sur des pentes escarpées, couvertes d'une couche épaisse de neige, dans des terrains à peine accessibles et complétement gelés. Il fallait, par suite, prendre dans le plus grand secret toutes les dispositions relatives à la marche, exécuter les travaux sans appeler l'attention de l'ennemi, par suite renoncer à se servir de la mine pour se frayer un chemin.

Il serait malheureusement trop long de retracer ici en détail les épisodes qui ont marqué cette partie si intéressante de la campagne et nous sommes obligés de nous borner à donner ici un résumé de l'ensemble de cette marche exécutée en plein hiver, dans des montagnes couvertes de neige et presque sous les yeux de l'ennemi.

Le mouvement des Russes commença le 13/25 décembre de bon matin.

La colonne principale, après avoir mis six jours pour franchir 16 verstes, put se concentrer tout entière, le 18/30 décembre, dans la valle de Tchouriak. La colonne de droite, qui devait déboucher à Jéliava, rencontra en route de telles difficultés qu'elle fut obligée de changer de direction et qu'elle arriva à Tchouriak le 17/29 décembre. Quant à la colonne de gauche, qui devait traverser le passage de Baba-Gora pour déboucher sur le flanc droit des Turcs, à Chandornik, elle fut assaillie dans le défilé même, les 16 et 17/28 et 29 décembre, par un ouragan d'une violence telle, que le général Dandeville fut contraint de rétrograder jusqu'à Etropol, après avoir perdu une quantité considérable d'hommes morts de froid. Cet officier général se remit en marche le 19/31 décembre, passa par le défilé de Zlatitza et arriva à destination le 21 décembre/2 janvier.

Le général Gourko se décida le 19/31 décembre, en raison de la réunion du gros des forces et de la colonne de droite, à déboucher avec toutes ses troupes, dans la vallée de Sofia et à attaquer l'ennemi posté à Taschkisène. Cette position, que les Turcs avaient fortement retranchée à la nouvelle de la marche des Russes, était défendue par les troupes de Baker-Pacha, qu'on avait envoyé d'Arab-Konak sur ce point avec 20 tabors et 6 bouches à feu.

Afin de faciliter la prise de la position de Taschkisène, le général Gourko, désirant occuper, d'un autre côté, Chakir-Pacha, donna l'ordre d'ouvrir, le 19/31 décembre, un feu des plus vifs contre la position d'Arab-Konak, et d'attaquer celle de Taschkisène, en la tournant par la gauche, pendant qu'on se bornerait à faire sur le front même une simple démonstration.

Une partie de la cavalerie devait déboucher sur les derrières mêmes de la position. Un rideau de troupes devait observer du côté de Sofia. 40 bataillons, 16 escadrons et 40 bouches à feu étaient désignés pour prendre part au combat. Le 19/31 décembre, vers trois heures de l'après-midi, les Russes étaient complétement maîtres de la position des Turcs, qui s'enfuyaient en désordre et se rejetèrent dans la vallée de Komartzi. La configuration du terrain, coupé et montueux, la neige qui tombait en abondance, et la nuit, qui ne tarda pas à venir, permirent aux débris du corps turc d'échapper à un anéantissement complet.

La prise par les Russes de la position de Taschkisène rendait la position d'Arab-Konak intenable pour les Turcs, qui l'évacuèrent en toute hâte et qui, dans la nuit même, se replièrent jusque sur le défilé de Pétritchevo.

Les Russes les poursuivirent énergiquement le lendemain, mais leurs attaques, dirigées de front, ne pouvaient amener de résultat bien significatif, et ce ne fut que le 22 décembre/3 janvier qu'ils s'emparèrent de Pétritchevo. Le général Gourko n'avait pas, on le voit, réussi à couper la retraite à l'ennemi, comme il espérait pouvoir le faire avec l'aide de la colonne du général Dandeville et d'une partie de la cavalerie de la garde. Il est, du reste, assez facile de s'expliquer comment il se fait que les opérations ne purent pas avoir le caractère de simultanéité désiré par le général Gourko. Il suffit pour cela de songer aux difficultés que l'état-major général du gros des forces éprouvait à communiquer avec la colonne du général Dandeville, et à la nature même du pays, qui retardait la marche de la cavalerie et restreignait considérablement son action.

Pendant ce temps, le général Véliaminoff, qui, avec cinq bataillons des régiments de Penza et de Tamboff, et la brigade de cosaques du Caucase, avait été chargé de former du côté de Sofia un rideau dissimulant la marche des autres colonnes, et qui avait pris position à Gorny-Bougaroff, avait à soutenir un combat assez sérieux, le 20 décembre/1er janvier, contre un corps turc fort de quinze à vingt tabors. Dans ce combat, les Russes surent tirer un excellent parti des feux de leur infanterie. Les bataillons de Penza et de Tamboff, qui s'étaient retranchés à Gorny-Bougaroff, dirigèrent sur les troupes ennemies un feu bien réglé et n'eurent recours aux salves et au feu rapide que lorsque les Turcs, après avoir couvert la position d'une grêle de projectiles, se portèrent à l'assaut. Ce ne fut que lorsque les Turcs, arrivés à cent pas de la position, s'élancèrent en criant : *Allah !* que les troupes russes les accueillirent par des salves, sortirent de leurs retranchements et se jetèrent à la baïonnette sur l'ennemi, qu'elles mirent en pleine déroute et qui s'enfuit après avoir eu plus de 2.000 hommes hors de combat.

Le 21 décembre/2 janvier, la première division de la garde, la brigade de tirailleurs de la garde et le régiment d'infanterie de Kozloff furent dirigés sur Sofia. Le jour même, après un engagement assez chaud, ces troupes enlevèrent un pont sur l'Isker, près du village de Vrajdebna, et le 22 décembre/3 janvier, elles arrivèrent en vue d'une position fortifiée qui défendait les abords de la ville. Cette position, très-forte et presque inexpugnable du côté de l'est, était, au contraire, parfaitement accessible et, de plus, faiblement défendue au nord. Le général Gourko, qui reconnut la position en personne, dirigea de ce côté une partie de ses troupes, et les Turcs, surpris par l'apparition inattendue des Russes sur leur flanc gauche, abandonnèrent leurs retranchements et se retirèrent en toute hâte dans la direction de Kustendjé. Le lendemain, 23 décembre/4 janvier, les Russes entraient à Sofia, où ils trouvaient d'immenses approvisionnements de toutes sortes.

Dès que le grand quartier général eut reçu la nouvelle du passage des Balkans par le général Gourko, le grand-duc général en chef prit immédiatement ses dispositions pour faire prendre l'offensive aux forces postées du côté de Chipka. Le général Radetzky, renforcé par le détachement du général Skobeleff, la trentième division d'infanterie et trois régiments de cavalerie, reçut l'ordre de prendre l'offensive le 24 décembre/5 janvier; pendant ce temps pour détourner l'attention de l'ennemi et attirer ses forces d'un autre côté, le détachement du général Kartzoff devait essayer de forcer, le 21 décembre/2 janvier, le défilé presque inaccessible de Troïan, et le général Dellinshausen était chargé de faire des démonstrations du côté d'Akhmetli, Tvarditza et Khain-Kioï.

Le 21 décembre/2 janvier, le général-lieutenant Kartzoff, commandant la troisième division d'infanterie, commença son mouvement avec cinq bataillons de sa division, le 10e bataillon de tirailleurs, dix sotnias de cosaques du Don, et trois batteries.

Malgré les difficultés de toutes sortes, augmentées encore par l'accumulation des neiges, le général Kartzoff réussit à franchir le défilé de Troïan, attaqua, le 26 décembre/7 janvier, une position fortement retranchée, en débusqua les Turcs et occupa le 28 décembre/9 janvier Sapot et Karlovo.

Pendant ce temps, le général Radetzky se préparait, en exécution des ordres qu'il avait reçus, à attaquer l'ennemi à Chipka. Profitant de ce que, des deux côtés de la chaussée de Chipka, à une distance de sept à douze verstes de cette voie principale, il existe deux routes que le général avait fait reconnaître avec soin et que l'ennemi négligeait de garder, le général Radetzky résolut de faire filer, par ces routes, deux colonnes chargées de déborder et de tourner la position des Turcs, et qui reçurent l'ordre de combiner leur marche de façon à prendre simultanément l'ennemi de flanc et à revers et à lui couper la retraite.

Le 24 décembre/5 janvier, les troupes du général Radetzky occupèrent les positions suivantes :

Centre : la quatorzième division, le régiment de Briansk et deux compagnies de sapeurs du génie, se trouvaient sur la position de Chipka.

Colonne de droite, sous les ordres du général Skobeleff : la seizième division, trois bataillons de tirailleurs, deux compagnies de sapeurs du génie, sept droujinas d'opoltchénie bulgare, un régiment de cosaques, une sotnia de l'Oural, une batterie de montagne, une batterie de campagne de quatre livres (qu'on pouvait transporter sur des chameaux) se trouvaient à Toplich, près de Zéléno Diérévo.

Colonne de gauche, sous les o-dres du général-lieutenant

prince Sviatopolk-Mirsky, la neuvième division, moins le régiment de Briansk, la quatrième brigade de tirailleurs, la trentième division, une compagnie de sapeurs du génie, une batterie de montagne, deux batteries de campagne et un régiment de cosaques se trouvaient à Travna.

Les deux colonnes chargées d'exécuter le mouvement tournant devaient se mettre en marche le 24 décembre/5 janvier. La colonne de droite, qui avait à faire une marche de 16 à 20 verstes, à passer par le défilé d'Imétlia, situé à 7 verstes environ de la chaussée de Chipka, reçut l'ordre de commencer son mouvement le soir seulement, afin de donner le temps d'arriver à la colonne de gauche, qui partait le matin, mais qui avait, en traversant le défilé de Seltzi, 45 verstes à faire pour se rendre de Travna à Gousowo. Ces deux colonnes devaient, si rien ne venait retarder leur marche, être arrivées à la hauteur des derrières et des flancs de la position turque le 26 décembre/7 janvier au soir, et l'attaquer le lendemain.

Les deux colonnes se mirent donc en route le 24 décembre/5 janvier, et atteignirent les défilés le lendemain. Le 26 décembre/7 janvier, elles débouchaient toutes deux hors de la montagne, et la colonne de gauche, qui avait réussi à concentrer toutes ses forces, fit occuper Maglisch par une partie des troupes, poussa le lendemain une reconnaissance énergique sur Khasskioï et Chipka et enleva quelques ouvrages retranchés. Malgré ces avantages, le 27 décembre/8 janvier au soir, cette colonne, en raison même de la hâte qu'elle avait mise à commencer les opérations, se trouvait dans une position d'autant plus critique qu'on n'avait aucune nouvelle de la colonne de droite et que les troupes turques pouvaient se jeter en masse sur elle. Le prince Sviatopolk-Mirsky crut néanmoins devoir rester sur les positions dont il s'était rendu maître et recommencer son attaque le 28 décembre/9 janvier.

Pendant ce temps, la colonne du général Skobeleff, retardée dans sa marche par les difficultés qu'elle éprouva à franchir le défilé d'Imetlia, ne put se concentrer de l'autre côté des Balkans que le 27 décembre/8 janvier au soir, et ce ne fut que le lendemain que le général Skobeleff put donner l'ordre d'attaquer la position turque de Chénoff. Malgré ce retard et le danger couru un moment par le détachement du général prince Sviatopolk-Mirsky, les deux colonnes attaquèrent l'armée turque le 28 et la forcèrent à déposer les armes.

Il nous reste encore à dire quelques mots du rôle joué pendant cette journée par les troupes du centre russe. Le général Radetzky, qui observait, du haut du mont Saint-Nicolas, d'où l'on découvre tout le pays environnant, la marche et les mouvements de ses deux colonnes, et qui était tenu au courant de tous les incidents par des dépêches que lui adressaient les généraux Skobeleff et Sviatopolk-Mirsky, put, de la sorte, se rendre un compte exact de la situation générale. Voyant que le 28 au matin la colonne du prince Sviatopolk-Mirsky se trouvait tout à fait isolée et complétement en l'air, voulant, en outre, faciliter à ses deux colonnes la tâche qu'il leur avait confiée, le général Radetzky résolut, le 28 décembre/9 janvier, à midi, de tenter une attaque de front par la chaussée de Chipka, en traversant un terrain des plus défavorables et en débouchant par une seule route, qui n'avait guère que 6 mètres de large. Cette attaque exécutée avec un courage et un dévouement sans exemple par les troupes de la 2e brigade de la 14e division, est assurément l'un des faits d'armes les plus héroïques de cette campagne. « C'est là que tombèrent bien des braves, » a dit le général Radetzky dans son rapport ; la brigade perdit 1.700 hommes et la moitié de ses officiers ; mais cette attaque décida en quelque sorte du sort de la journée, par cela même qu'elle immobilisa vingt-deux tabors, toute l'artillerie ennemie, qu'elle força les Turcs à demeurer sur leurs positions, qu'elle permit aux autres colonnes de fermer le cercle qui allait enserrer l'armée turque.

41 tabors, 93 bouches à feu et 6 drapeaux furent les trophées de cette journée mémorable.

A la nouvelle du passage des Balkans par les deux colonnes, de la prise de Sofia et de la capitulation de l'armée turque de Chipka, le grand-duc se transporta aussitôt de l'autre côté des Balkans, afin d'activer le mouvement offensif de ses troupes et de ne pas laisser aux Turcs le temps de se remettre.

Le grand-duc, qui avait pris dès ce moment pour objectif de ses opérations Andrinople, résolut de marcher sur cette ville en trois colonnes : celle du centre, partant de Kazanlik, allait droit sur Andrinople ; celle de droite passait par Philippopolis, se dirigeait de là sur Khass-Kioï, puis descendait plus au sud, contournait et dépassait Andrinople, et devait arriver à Demotika ; celle de gauche partait d'Iamboli et marchait par la vallée de la Toundja sur Vakovo.

D'autres colonnes moins importantes étaient chargées de relier entre elles ces trois grosses colonnes et de purger complétement tout le pays situé en arrière du gros des forces russes.

Nous allons d'ailleurs resumer les instructions données par le grand-duc.

1° *Le corps de l'Ouest*, sous les ordres du général Gourko et fort de 77 bataillons, 77 escadrons et 174 bouches à feu, devait, dans le cas où il réussirait à occuper Philippopolis, former la colonne de droite et l'aile droite du grand mouvement général convergeant sur Andrinople, et se diriger sur Demotika en passant par Khass-Kioï.

2° Le ***détachement du général Kartzoff*** (9 bataillons, 14 sotnias et escadrons et 2 bouches à feu) partait de Karlovo pour se porter soit sur Philippopolis, soit sur Tchirpane, afin de couper la retraite à l'ennemi et de donner la main à l'avant-garde de la colonne du centre. La cavalerie de ce détachement, placée sous les ordres du général Skobéleff I, devait précéder au loin l'infanterie, entrer ultérieurement dans la composition du corps de l'Ouest et combiner son action avec celle de la cavalerie de ce corps.

3° *L'avant-garde de la colonne du centre*, sous les ordres du général-lieutenant Skobéleff II, forte de 28 bataillons, 20 escadrons et 22 bouches à feu, devait commencer sa marche sur Andrinople le 3/15 janvier, passer par Eski-Sagra, Seïmenli-Trnovo et Hermanli, pousser immédiatement en avant les trois régiments de la première division de cavalerie pour s'emparer des nœuds importants de chemins de fer de Trnovo et de Hermanli et du pont de la Maritza.

4° *La colonne du centre*, sous les ordres du général-lieutenant Ganetzky, forte de 24 bataillons et de 96 bouches à feu, avait l'ordre de quitter Gabrovo le 2/14 janvier, de passer les Balkans aussi vite que possible, d'assurer le passage, à travers les montagnes, de l'artillerie du 8e corps d'armée, des 16e et 30e divisions d'infanterie et du train du grand quartier général, de se concentrer à Kazanlik et dans les villages environnants, et de continuer ensuite sa marche par brigade.

5° *La colonne de gauche*, sous les ordres du général d'infanterie Radetzky, forte de 21 bataillons, 6 sotnias et 48 bouches à feu, devait prendre les mesures les plus propres à hâter le passage de l'artillerie et du train par le défilé de Chipka, passer par Eski-Sagra et Iéni-Sagra, marcher sur Jamboli et, de là, en suivant la vallée de la Toundja, et en passant par Vakovo, sur Andrinople. L'avant-garde avait ordre de se mettre en route dès le 2/14 janvier pour s'emparer au plus vite d'Eski-Sagra, et même, si faire se pouvait, d'Iamboli. Trois régiments de la 8e division de cavalerie, avec une batterie d'artillerie, qui faisaient partie du corps de l'Ouest, devaient se porter sur Tirnovo, se prolonger de là sur Rakovitzi et Leskovitzi, puis passer sans retard le défilé Tvarda, se porter sur Iamboli, et même au delà de cette ville, pour opérer leur jonction avec leur corps.

6° *Le détachement du flanc gauche*, sous les ordres du général-lieutenant baron Dellinshausen, fort de 12 bataillons, 8 escadrons et 38 bouches à feu, devait passer les Balkans par le défilé de Tvarda, occuper Iamboli et Slivno, couvrir le flanc gauche de l'armée, assurer ses communications en arrière, et envoyer des détachements à Kotel et Karnabat, diriger d'autre part des partis sur Aïdos, afin d'essayer de donner la main au corps du général-lieutenant Zimmermann ; enfin pousser une colonne volante jusqu'à Bourgas.

7° Toutes les troupes laissées de l'autre côté des Balkans, à l'exception du corps du général-lieutenant Zimmermann, devaient former un *corps* dit *de l'Est*, sous les ordres de S. A. I. le grand-duc héritier, qui, fort de 84 bataillons, 54 escadrons et sotnias, 370 bouches à feu, devait marcher sur Roustchouk, Rasgrad, Eski-Djoumi et Osman-Bazar, en avançant surtout son aile droite et en cherchant avant tout à s'emparer de Rasgrad. En tout cas, ce corps devait, à tout prix, s'établir et se maintenir sur la voie ferrée de Roustchouk à Choumla.

8° Les quelques troupes qui se trouvaient encore sur la rive gauche du Danube, et qui étaient également mises sous les ordres du grand-duc héritier, commandant en chef le corps de l'Est, devaient profiter de la première occasion favorable pour passer le Danube, c'est-à-dire dès que le passage serait redevenu possible ou dès que le fleuve serait gelé, chercher à rallier les corps dont elles faisaient partie, et traverser les Balkans pour se diriger sur Andrinople.

Le général-lieutenant Zimmermann, commandant le corps du bas Danube, devait, avec le gros de ses forces, se diriger sur Hadji-Oglou-Bazardjik, chercher à s'emparer de ce point fortifié, détruire le chemin de fer de Roustchouck à Varna, pousser un de ses détachements sur Pravodi, et chercher de là à se relier avec le détachement du général-lieutenant baron Dellinshausen, qui de son côté devait envoyer des troupes à Aïdos et à Karnabat. Le général Zimmermann devait, de plus, pour couvrir sa droite, fournir un détachement spécialement chargé d'observer ce qui se passait du côté de Silistrie. Enfin, pour garantir ses derrières et se garder du côté de la mer, il devait faire occuper la ligne de Tchernavoda-Kustendjé par des troupes de la 36e division d'infanterie (17e corps d'armée).

Après avoir, dans les lignes qui précèdent, résumé les ordres donnés par le grand-duc général en chef, il nous reste à voir de quelle manière ces mêmes ordres ont été mis à exécution.

Le général Gourko, laissant à Sofia une brigade d'infanterie et une brigade de cavalerie avec 14 bouches à feu, et après avoir donné le temps de souffler à ses troupes, qui avaient le plus grand besoin de repos, se remit en marche et se dirigea sur Philippopolis en 4 colonnes : celle de droite, général Véliaminoff, se dirigea sur Samakovo, celle du centre droit, général aide de camp comte Schouvaloff II, sur Ikhtimane et les Portes de Trajan ; celle du centre gauche, général Schilder Schuldner, passa par la vallée de la Topolnitza, enfin celle de gauche, général baron Kridener, par Metchka et Otloukioï.

Le 28 décembre / 9 janvier, le jour même où se livrait le combat de Chipka, les troupes du général Gourko occupèrent Ikhtimane, Poïbren et Metchka ; le 30 décembre/11 janvier, le général Véliaminoff, après un combat assez vif, entrait à Samakovo, et la colonne du général comte Schouvaloff dépassait les fortes positions des Portes de Trajan, que les Turcs avaient abandonnées. Enfin, le 31 décembre/12 janvier les Russes arrivaient à Tatar-Bazardjik.

Pendant ce temps les troupes turques opposées aux forces du général Gourko et placées sous les ordres de Suleiman-Pacha avaient attiré à elles le corps de Chakir-Pacha, qui avait défendu toute cette partie de la chaîne des Balkans, et les détachements qui, sous les ordres de Fuad-Pacha et de Sabit-Pacha, venaient d'arriver par les voies ferrées, d'Iamboli avec leurs effectifs au complet.

Toutes ces troupes, qui formaient un ensemble de 90 tabors se retirèrent en toute hâte et en deux grosses colonnes sur Philippopolis à la nouvelle de la catastrophe de Chipka. L'une de ces colonnes, sous les ordres de Suleiman-Pacha en personne, forte de 40 à 45 tabors, suivit la route directe par les vallées de Gioab-Sou et de la Topolnitza, réussit à échapper aux troupes russes sans avoir à combattre, laissa une arrière-garde à Philippopolis et s'arrêta à quelque distance de cette ville pour y attendre l'autre colonne, qui se retirait sur Philippopolis par une route moins directe, en passant par Samakovo. Cette colonne fut atteinte par les Russes à 20 verstes environ de Philippopolis. Une bataille de trois jours s'engagea autour de cette ville, et la victoire remportée par les Russes eut pour conséquence de couper en deux l'armée de Suleiman-Pacha.

Les troupes russes chargées d'attaquer les Turcs qui avaient pris position près de Philippopolis, sur la rive gauche de la Maritza, ainsi qu'à Aïranli et Kadi-Kioï, sur la rive droite, furent divisées le 3/15 janvier en trois colonnes, Les colonnes des généraux comte Schouvaloff et Schilder-Schuldener attaquèrent les Turcs sur la rive droite et les rejetèrent dans la montagne, c'est-à-dire sur Dermendéré, pendant que la colonne du général baron Krudener suivait la rive gauche de la Maritza, entrait à Philippopolis, que l'arrière-garde de Suleiman-Pacha, prise de panique, évacuait en désordre pour chercher en toute hâte un refuge dans la montagne.

Une fois ce premier succès obtenu, il devenait assez facile de couper en deux l'armée de Suleiman-Pacha. Aussi dirigea-t-on dès le lendemain 4/16 janvier sur Stanimaka, afin de couper la retraite aux Turcs, la troisième division de la garde, sous les ordres du général Dandeville, et la cavalerie du général Krasnoff, pendant que les colonnes des généraux comte Schouvaloff, Schiller-Schuldner et Véliaminoff recevaient l'ordre d'attaquer les Turcs à Dermendéré. Les Turcs abandonnèrent Dermendéré, se dirigèrent par la montagne sur Stanimaka, où ils vinrent donner dans les troupes du général Dandeville, furent mis en pleine déroute et perdirent presque toute lenr artillerie.

Le lendemain 5/17 janvier, les colonnes qui avaient opéré du côté de Dermendéré effectuèrent leur jonction avec les troupes du général Dandeville et attaquèrent avec elles les Turcs, qui abandonnèrent précipitamment leurs positions et leur artillerie et s'enfuirent dans le plus grand désordre en passant par les fonds de Despoto-Dagh, dans la direction d'Iénikioï et de Laskovo. L'autre moitié de l'armée de Suleiman-Pacha s'enfuit également dans cette nuit du 5/17 au 6/18 janvier, en passant par Takhtali, Karadjalar et Kumurdja, jusqu'à Khass-Kioï; mais le 7/19 janvier elle fut atteinte et attaquée par la cavalerie russe, et les cosaques, qui s'étaient jetés sur l'arrière-garde de la colonne turque, s'emparèrent dans cette affaire de 40 bouches à feu, c'est-à-dire de presque tout ce qui restait encore d'artillerie à cette partie de l'armée de Suleiman-Pacha. Les débris de l'armée turque vinrent, comme nous l'avons dit plus haut, donner dans l'avant-garde de la colonne du centre russe, abandonnèrent leurs convois et se retirèrent dans le plus grand désordre dans la direction du sud. Cette lutte de trois jours autour de Philippopolis avait eu pour résultat, si ce n'est l'anéantissement, du moins la dispersion complète de l'armée de Suleiman-Pacha. Les Russes avaient enlevé, dans ces trois jours de bataille, 110 canons et fait à l'ennemi un nombre considérable de prisonniers.

Après ces combats, les troupes du corps de l'Ouest opérèrent leur jonction avec la colonne du centre, et le 10/22 janvier le général Gourko, après avoir donné à ses troupes un repos dont elles avaient le plus grand besoin et qu'elles avaient bien gagné, laissa une partie de ses forces à Philippopolis et se dirigea sur Andrinople avec l'autre portion de son corps.

Avant d'examiner ce qui se passait au centre, il convient de dire quelques mots des opérations du détachement du général Kartzoff, connexes à celles du corps de l'Ouest. La cavalerie de ce détachement, placée sous les ordres du général Skobéleff, opéra, comme nous l'avons dit plus haut, sa jonction avec les troupes du corps de l'Ouest, aux environs de Philippopolis, et se trouva dès lors à la disposition et sous la direction immédiate du général Gourko. Quant à l'infanterie du général Kartzoff, qui avait quitté le 1er/13 janvier Karlovo pour se porter sur Tchoukomli, elle arriva le lendemain à Kara-Téprak ; mais informé sur ce point de l'évacuation de Philippopolis par les Turcs, le général Kartzoff se porta sur Tchirpane pour barrer le passage à l'ennemi. Ce fut de ce point que, sur l'ordre du général Gourko, le détachement se dirigea sur Khass-Kioï où il arriva le 9/21 janvier et où il attendit l'arrivée du corps de l'Ouest.

L'avant-garde de la colonne du centre, sous les ordres du général Skobéleff II, se porta rapidement dans la direction qui lui avait été indiquée. La cavalerie de cette avant-garde, sous les ordres du général Stroukoff, partie de Kasanlik le 1er/13 janvier, arriva le même jour à Eski-Sagra et occupa le lendemain Iéni-Sagra, Seïmenli et Tchirpane; pendant la nuit, elle se mit en mouvement sur Trnovo, détruisant les télégraphes et mettant hors de service la voie ferrée sur les lignes d'Iamboli et de Philippopolis. Le 3/15 janvier, au matin, le général Stroukoff s'emparait du pont sur la Maritza, de la gare du chemin de fer et de la station télégraphique de Trnovo, mettait en fuite quelques tabors d'infanterie et 15.000 habitants armés, et enlevait 6 canons à l'ennemi. Le même jour, le général Skobéleff II partait de Kazanlik et faisait 82 verstes en 40 heures; il arrivait le 5/17 janvier, avec tout son détachement, à Trnovo. La veille, il avait fait occuper Guterli par une colonne chargée de le flanquer. Pendant la nuit du 4/16 au 5/17 janvier, la cavalerie de l'avant-garde occupa Hermanli, le 5/17 Moustapha-Pacha, et, le 8/20, elle était à Andrinople, d'où s'enfuyaient, après avoir détruit une immense quatité de matériel de guerre, les troupes d'Eyoub-Pacha. Les cavaliers russes réussirent néanmoins à s'emparer de 26 canons. Le 10-22 janvier le général Skobeleff II arrivait avec son infanterie à Andrinople.

La colonne du centre partit de Gabrovo le 2/14 janvier, mais sa marche fut retardée et par les difficultés qu'elle éprouva à faire passer les montagnes à son artillerie, aux convois de toutes les troupes qui avaient pris part à la dernière bataille de Chipka, et par le mouvement qu'exécutait le convoi du grand quartier général, de telle sorte que son échelon de tête ne put déboucher de Kazanlik que le 11/23 janvier.

La colonne de gauche partit de Kazanlik, à savoir :

L'avant-garde du prince Sviatopolk-Mirsky le 2/14 janvier, et *le gros des forces* du général Radetzky le 6/18 janvier. Iéni-Sagra et Eski-Sagra furent occupées sans combat; et le 10/22 janvier toute la colonne était réunie à Iamboli.

Le détachement du flanc gauche commença à traverser les Balkans en prenant par le défilé de Tvarditza, le 2/14 janvier et se concentra à Slivno le 10/22.

Enfin *les corps de l'Est et du bas Danube,* qui opéraient de l'autre côté des Balkans, réussirent également à remplir la tâche qui leur avait été confiée par le grand-duc général en chef.

Le corps de l'Est occupa Rasgrad le 14/26 janvier, et le 15/27 Osman-Bazar. Partout les Turcs se retirèrent pour se réfugier dans leurs forteresses.

Il serait intéressant, à ce propos, de revenir quelque peu en arrière et de dire quelques mots des mouvements du corps de l'Est, antérieurs à l'occupation de Rasgrad et d'Osman-Bazar. Ce corps qui, pendant cinq mois, avait eté chargé de couvrir le flanc gauche de l'armée d'opérations, et qui avait réussi à enrayer toutes les tentatives faites par l'ennemi, avait eu à soutenir, vers la fin du mois de novembre, une lutte des plus vives contre l'armée ennemie. La grande attaque, dirigée le 30 novembre/12 décembre, par Suleiman-Pacha, contre Metchka, pendant qu'une autre partie de son armée faisait une forte démonstration du côté d'Eléna, le 22 novembre/4 décembre, avait un caractère d'autant plus grave qu'elle menaçait les lignes mêmes de communications de l'armée russe. Mais les troupes du 12e corps, renforcées par une brigade de la 35e division, réussirent, non-seulement à faire échouer la tentative de Suleiman-Pacha, mais encore à battre complétement l'ennemi, La bataille de Metchka marqua, de ce côté, le dernier effort fait par les Turcs pour reprendre l'offensive.

Le *corps du bas Danube*, qui avait occupé jusque-là la ligne de Tchernavoda-Kustendjé, prit l'offensive le 16/28 janvier, battit en vue de Bazardjik les forces turques qui voulaient s'opposer à sa marche, et entra dans cette ville, que l'ennemi évacua en toute hâte pour se retirer sur Varna. Aussitôt après la prise de Bazardjik la cavalerie du 14e corps détruisit une partie de la voie ferrée entre Roustchouk et Varna, coupa les télégraphes et occupa Kozloudji et Pravodi.

Dès que les premières troupes furent entrées à Andrinople toutes les autres colonnes convergèrent rapidement vers ce point et le corps de l'Ouest ne tarda pas à opérer sa jonction complète avec la colonne du centre. Le 14/26 le grand-duc général en chef arrivait à Andrinople, où il était reçu par le clergé et par une députation envoyée au-devant de lui par les habitants.

Les Russes s'établirent solidement à Andrinople et poussèrent en avant quelques colonnes à l'est sur Kara-Kilissa, au sud sur Démotika, qui fut occupée le 14/26 janvier, enfin droit devant eux, sur la route directe qui mène à Constantinople, sur Loulé-Bourgas et Tchorlou ; ce dernier point fut occupé par les Russes le 17-29 janvier, après un engagement assez sérieux.

Le résumé que nous venons de faire des opérations à partir de la chute de Plewna, de ces opérations qui formeront assurément l'une des pages les plus curieuses et les plus brillantes à la fois de l'histoire déjà si glorieuse de l'armée russe, permet de se rendre un compte exact de la sagesse et de l'habileté qui ont présidé à la conception du plan général de cette deuxième partie de la campagne, de la hardiesse, de l'énergie que les différents chefs de corps d'armée ou de détachement ont déployées dans l'exécution des missions qui leur avaient été confiées par le général en chef. Après avoir surmonté, au milieu d'un hiver rigoureux, malgré les neiges et les ouragans, des obstacles naturels considérés jusqu'ici comme insurmontables à cette époque de l'année, les Russes ont réussi à disperser les derniers débris des armées ennemies. Marchant sans cesse, tirant immédiatement parti de leur victoire, poursuivant l'ennemi sans lui laisser le temps de se remettre, les Russes arrivèrent rapidement, malgré le froid, malgré la neige, des Balkans jusques aux portes d'Andrinople.

Cette marche rapide porta ses fruits, et l'armée russe, victorieuse, ne tarda pas à recueillir la récompense des souffrances indicibles qu'elle avait eu à endurer pendant la traversée des Balkans. Partout elle trouva les troupes ennemies et la population frappées de terreur, prises de panique. Ce qui restait encore des débris des armées ottomanes vint ou se réfugier dans les ouvrages fortifiés qui composaient les lignes de Dakos-Tchekmendjé, ou se pelotonner autour de Gallipoli, pour essayer de défendre la capitale de l'Islam, pendant que la population musulmane, sur l'ordre des autorités et craignant les représailles des vainqueurs, fuyait de tous côtés et allait chercher un asile à Constantinople et dans les ports de la mer de Marmara.

Vaincue, brisée, anéantie, la Turquie demanda la paix. Dès le 4/16 janvier, les plénipotentiaires turcs, Server et Namyk-Pacha étaient arrivés à Hermanli, s'étaient dirigés de là sur Kazanlyk, quartier général du grand-duc, pour entamer des négociations avec le général en chef. Mais en raison de l'insuffisance des pouvoirs donnés aux plénipotentiaires, en raison des retards causés par la destruction des lignes télégraphiques, les négociations traînèrent jusqu'au 19/31 janvier, date à laquelle on s'entendit à Andrinople sur des préliminaires de paix, et sur les conditions d'un armistice qui déterminait les positions des armées belligérantes et fixait une ligne de démarcation tant en Europe qu'en Asie.

Enfin le 19 février / 4 mars les plénipotentiaires turcs ratifièrent et signèrent un traité de paix qui mettait fin à cette guerre sanglante qui avait duré plus de neuf mois.

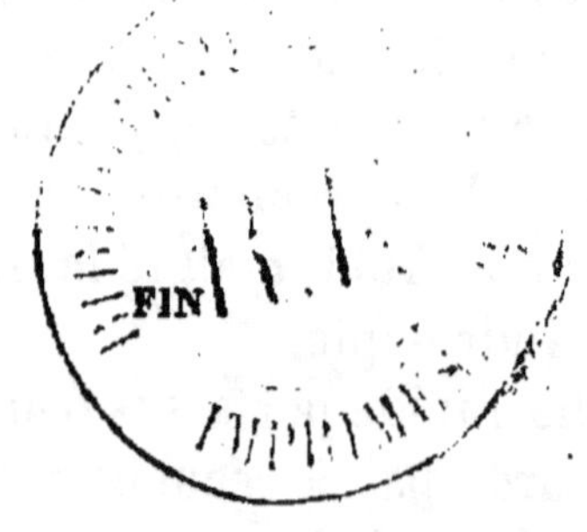

TABLE DES MATIÈRES

1007 — Paris. Imp. LALOUX fils et GUILLOT, 7, rue des Canettes.

www.ingramcontent.com/pod-product-compliance
Lightning Source LLC
LaVergne TN
LVHW020414230826
846091LV00004B/1281